DATZ-Terrarienbücher

Henkel/Schmidt - Terrarien

Friedrich-Wilhelm Henkel
Wolfgang Schmidt

Terrarien

Bau und Einrichtung

Zweite, korrigierte Auflage
44 Farbfotos
49 Schwarzweißfotos und Zeichnungen

E.U.
VERLAG
EUGEN
ULMER

Foto Seite 2:
Für die tiergerechte Unterbingung benötigt *Basiliscus basiliscus* geräumige Terrarien mit einem großen Wasserteil.

Die Deutsche Bibliothek – CIP-Einheitsaufnahme

Henkel, Friedrich-Wilhelm:
Terrarien : Bau und Einrichtung / Friedrich-Wilhelm Henkel ;
Wolfgang Schmidt. – Stuttgart (Hohenheim) : Ulmer, 1997
(DATZ-Terrarienbücher)
ISBN 3-8001-7349-2
NE: Schmidt, Wolfgang:

ISBN für die 2. Auflage: 3-8001-7430-8

Wollgrasweg 41, 70599 Stuttgart (Hohenheim)
Printed in Germany
Lektorat: Michael Kokoscha
Herstellung: Jürgen Sprenzel
Satz: primustype Hurler GmbH, Notzingen
Druck: Gulde Druck GmbH, Tübingen
Bindung: E. Riethmüller & Co. GmbH, Stuttgart

Vorwort

Bei der Mehrzahl der herpetologischen Veröffentlichungen handelt es sich heute um Bücher über die Biologie oder die Pflege und Zucht von Amphibien und Reptilien. Gerade in der letzten Zeit sind zahlreiche Abhandlungen über einzelne Arten, Gattungen oder Familien erschienen. Das ist auch verständlich, da fast immer der Wunsch nach der Pflege eines Tieres an erster Stelle steht. Oft macht man sich erst später Gedanken über die nötigen Voraussetzungen bezüglich des Behälters.

Häufig entspringt die Entscheidung für ein Terrarium aber auch dem Wunsch, sich ein Stück Natur ins Wohnzimmer zu holen. Dabei stehen dann neben den ästhetischen Anforderungen auch die Bedürfnisse der Tiere im Vordergrund. Bücher über die Terraristik allgemein und den Bau von Terrarien im speziellen sind und bleiben jedoch wohl eher die Ausnahme.

Wir wollen in diesem Buch die Grundlagen des Terrarienbaus beschreiben und Anregungen zu Gestaltung und Einrichtung geben. Dabei steht der Gesichtspunkt der tiergerechten Pflege und Zucht im Vordergrund. Das Buch soll und kann kein Fachbuch über die einzelnen Arten ersetzen. Vielmehr wollen wir allgemein über die verschiedenen Umweltfaktoren und ihre komplexe Wirkung auf die Tiere berichten und daraus abzuleitende Anforderungen an Terrarienbau und -einrichtung nennen.

Wichtig war uns auch, die Verantwortung dem Tier gegenüber zu verdeutlichen und vor unüberlegten Anschaffungen zu warnen. Fast alle Amphibien- und Reptilienarten verlangen eine zeitaufwendige Pflege. Allerdings läßt sich der Zeitaufwand häufig durch eine ausgeklügelte Technik verringern, die wir in diesem Buch deshalb auch ausführlich erläutern. Ferner stellen wir noch einige beispielhafte Terrarien und Terrarienanlagen vor, um gestalterische, räumliche und organisatorische Möglichkeiten aufzuzeigen.

Ganz besonders bedanken wir uns bei den Herren Karl-Friedrich Steffen, Kamen, und Henry Müller, Pforzheim, die uns wichtige Tips und Anregungen zu diesem Buch gegeben haben.

Felsenterrarium zur Pflege von Spaltenschildkröten im Löbbecke Museum + Aquazoo, Düsseldorf.

Außerdem schulden wir zahlreichen Terrarianern Dank für ihre wichtigen Hinweise, Bilder und Zeichnungen, ohne die dieses Buch nicht möglich gewesen wäre. Hier sind insbesondere zu nennen:

Herr Uwe Bartel, Dinslaken; Herr Dr. Hubert Bosch, Löbbecke Museum + Aquazoo, Düsseldorf; Herr Ingo Brand, Bönen; Herr Dieter Brendel, Paderborn; Herr Gerhard Hallmann, Dortmund; Herr Dr. Hans-Werner Hermann, Aquaterrarium am Kölner Zoo; Herr Peter Hoch, Waldkirchen; Frau Marianne Hoffmann, Unna; Herr Markus Juschka, Düsseldorf; Herr Stephan Kallas, Wuppertal; Herr Michael Knöthig, Borken; Herr Klaus Liebel, Herne; Herr Rüdiger Lippe, Dortmund; Frau Veronika Müller, Soest; Herr Manfred Salewski, Dinslaken; Herr Achim Sameit, Bergkamen; Herr Erwin Schröder, Kiel; Herr Walter Seil, Bönen; Herr Harald Simon, Anröchte; Herr Dirk Steffen, Kamen; Herr Rainer Stockey, Hagen; Herr Rudolf Wicker, Exotarium am Frankfurter Zoo; Herr Rainer Zander, Garbsen.

Bergkamen und Soest,
im November 1996
Friedrich-Wilhelm Henkel,
Wolfgang Schmidt

Inhaltsverzeichnis

Ansprüche der Amphibien und Reptilien

Wahrscheinlich im Devon, also vor mehr als 350 Millionen Jahren, vollzog sich einer der wichtigsten Schritte in der Evolution der Wirbeltiere: der Übergang vom Leben im Wasser zum Leben auf dem Land. Aus Fischen entwickelten sich Amphibien, mit denen die Reihe der vierfüßigen Wirbeltiere begann. Noch recht unbeholfen machten sie sich daran, den neuen Lebensraum zu erobern. Ihre Haut ist gegen Verdunstung schlecht geschützt und trocknet daher leicht aus. Auch zur Fortpflanzung sind fast alle Arten auf den Lebensraum Wasser angewiesen.

Vor rund 300 Millionen Jahren, während des Karbon, entwickelten sich aus den urtümlichen Amphibien die ersten Reptilien. Sie zeichnen sich vor allem durch ein kräftigeres Skelett und eine verhornte Körperhaut aus, die sie vor Austrocknung weitgehend schützt. Außerdem entstand bei der Evolution der Reptilien ein neuer Eityp, der ihre Fortpflanzung unabhängig vom offenem Wasser machte.

Allen Amphibien und Reptilien gemeinsam ist die Zugehörigkeit zu den wechselwarmen Tieren. Sie sind in den meisten Fällen nicht in der Lage, wie Säugetiere und Vögel ihre Körpertemperatur selbständig zu erhöhen und konstant zu halten. Daher sind sie von der Umgebungstemperatur und der Strahlungswärme – in der Natur der Sonneneinstrahlung – abhängig. Alle Arten benötigen eine bestimmte „Betriebstemperatur" für die lebensnotwendigen Funktionen; daher ist ihr Verbreitungsgebiet auf die gemäßigten und die warmen Regionen der Erde beschränkt. Um als wechselwarme Tiere Temperaturschwankungen in der Umwelt zu ertragen, mußten die Amphibien und Reptilien eine ganze Reihe von Überlebensstrategien entwickeln. Die bekannteste ist sicher die Winterruhe, in der die Tiere die klimatisch ungünstige Zeit überdauern.

Aus dieser kurzen Übersicht wird deutlich, wie stark Amphibien und Reptilien vom Klima ihrer Umgebung abhängig sind. Seine Nachahmung ist die unerläßliche Voraussetzung für eine erfolgreiche Pflege im Terrarium und muß bereits bei Bau und Einrichtung der Behälter ins Auge gefaßt werden.

Das Klima setzt sich aus unterschiedlichen Faktoren zusammen, die in gegenseitiger Abhängigkeit stehen und sich ständig verändern. Die wichtigsten sind Temperatur, Luftbewegung, Niederschlag, relative Luftfeuchtigkeit, Lichtintensität und Luftdruck. Die einzelnen Werte ändern sich zum einen im Tageszyklus, wo sie sich als Tag-Nacht-Schwankung bemerkbar machen, und zum anderen im Jahreszyklus. Neben einer von der Jahreszeit abhängigen Temperaturänderung verschiebt sich hier auch oft das Verhältnis von Tag- und Nachtlänge. Außerdem gibt es zahlreiche weitere saisonbedingte Einflüsse, wie Regen- und Trokkenzeiten.

Das Klima einzelner Landstriche ist in der Regel bekannt. Bei genauer Betrachtung zeigt sich jedoch, daß die angegebenen Mittelwerte irreführend sein können. Ein häufiger Fehler liegt in der Verkennung von Mikroklimaten. Was nützen beispielsweise Temperaturmessungen, die tagsüber einen Meter über dem Boden erfolgen, wenn das Tier sich dann im Boden verbirgt und nur nachts aktiv ist? So benötigen auch Wüstentiere kühle und feuchte Rückzugsgebiete, denn in einigen Teilen der Wüsten befinden sich bereits in 50 cm Tiefe feuchte Sandschichten.

Kennt man den ungefähren Fundort seiner Pfleglinge, so kann man die allgemeinen Klimadaten der Literatur entnehmen (zum Beispiel Müller 1983). Es ist allerdings nicht ratsam, alle in der Natur vorherrschenden Gegebenheiten auch tatsächlich im Terrarium nachahmen zu wollen. So hat es keinen Sinn, ein Wüstenterrarium auf weit über 50 °C aufzuheizen. Wenig sinnvoll ist es auch, andere natürliche Bedingungen wie sintflutartige Niederschläge, extreme Trockenheit oder Temperaturen unter dem Gefrierpunkt zu imitieren. Gleichwohl müssen Schwankungen wie der Tag-Nacht-Rhythmus, der über Aktivität und Schlafenszeit der Pfleglinge entscheidet, und der Wechsel von Trocken- zu Regenzeit simuliert werden. Diese Zyklen sind häufig ein wesentlicher Auslöser für die Fortpflanzung der Tiere.

Temperatur

Die Temperatur stellt sicher einen der wichtigsten Faktoren im Terrarium dar. Amphibien und Reptilien benötigen als wechselwarme Tiere einen spezifischen Temperaturbereich, in dem ihre Körperfunktionen ablaufen und in dem sie ihr abwechslungsreiches Verhalten zeigen können. Dieser Temperaturbereich ist für die gepflegte Art spezifisch. Da-

Durch Sonnenbestrahlung erreicht der Chuckwalla (Sauromalus obesus) seine Vorzugstemperatur. ▷

her ist das Studium von Spezialliteratur vor der Anschaffung der Tiere unerläßlich.

Man unterscheidet bei Amphibien und Reptilien die Aktivitätstemperatur, bei deren Überschreitung die Tiere grundsätzlich aktiv sind, und die Vorzugstemperatur, die in der Regel höher als die Aktivitätstemperatur liegt und bei guten Bedingungen als Körpertemperatur des Tieres gemessen werden kann. Die Aktivitätstemperatur ist also in der Regel die Mindesttemperatur, auf die das Terrarium erwärmt werden muß.

Zahlreichen der gepflegten Tiere muß zusätzlich eine Möglichkeit geboten werden, sich auf ihre Vorzugstemperatur zu erwärmen. Zu dem Zweck sollte man einen Strahler installieren, da die Strahlungswärme (Sonne) die natürlichste ist. Übersteigt die Umgebungstemperatur für einen längeren Zeitraum die Vorzugstemperatur, so sterben die Tiere den Hitzetod. Es ist wichtig, ihnen die Möglichkeit zur Regulation ihrer Körpertemperatur zu geben. Daher sollte man im Terrarium ein gewisses Temperaturgefälle herstellen, das von einem Wert kurz oberhalb der Vorzugstemperatur bis weit darunter reicht.

Besonders wichtig ist die Frage, ob die Pfleglinge den Winter hindurch aktiv sind. Man kann davon ausgehen, daß Tiere aus Gegenden, in denen die Durchschnittstemperatur des kältesten Monats unter 10 °C fällt, eine Winterruhe einlegen. Auch in anderen Gebieten kann es aufgrund von ungünstigen Witterungseinflüssen zu kurzen Inaktivitäts-Phasen kommen.

Die Überwinterung ist leider in der Praxis nicht immer leicht zu bewerkstelligen; auch in der Literatur finden sich oft widersprüchliche Angaben zu dem Thema. Tiere, die überwintert werden sollen, müssen über ausreichende Reserven verfügen. Nur gut genährte Tiere dürfen in den Winterschlaf geschickt werden. In der Natur kann man oft beobachten, daß Jungtiere wesentlich länger aktiv als ihre Eltern sind, da sie noch Fettdepots für den Winter anlegen müssen. Angaben zur Überwinterung finden sich in der Fachliteratur (zum Beispiel Müller, V., & W. Schmidt 1995 [Landschildkröten]; Schmidt, W., & F. W. Henkel 1995 [Leguane]).

Da die Amphibien und Reptilien zu den wechselwarmen Tieren gehören, haben sie einige Mechanismen zur Temperaturregulierung entwickelt. So resorbieren viele Reptilien Strahlungswärme durch eine dunkle Färbung oder reflektieren das Sonnenlicht, indem sie sich fast weiß färben. Die meisten Arten überdauern jedoch ungünstige Wetterperioden in einem sicheren Versteck.

Verschiedene Möglichkeiten, Lüftungsflächen in ein Terrarium einzubauen. ▷

Luft

Das Bedürfnis nach Luftbewegung und Frischluft ist von Art zu Art unterschiedlich ausgeprägt. So erkranken einige Tiere bereits innerhalb weniger Tage, wenn durch zu geringe Lüftungsflächen Stickluft entsteht. Andere zeigen dagegen kaum eine Reaktion. Für Tiere der meisten Arten wird eine ausreichende Luftzufuhr durch zwei Lüftungsflächen gewährleistet (nähere Angaben später). Eine sollte sich im Deckel befinden, die andere unterhalb der Frontscheibe oder an der Seite. Gerade bei Regenwaldterrarien, die eine

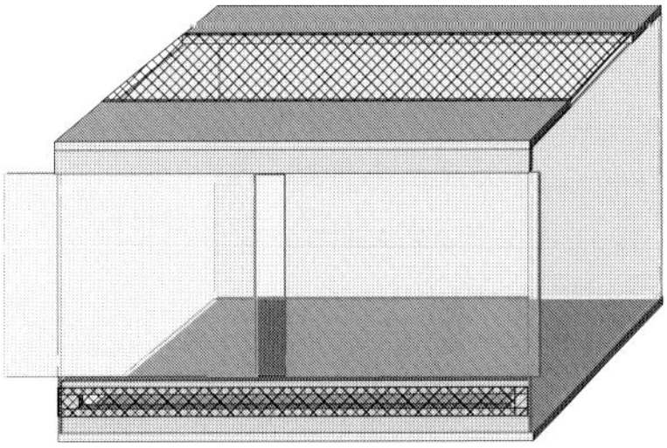

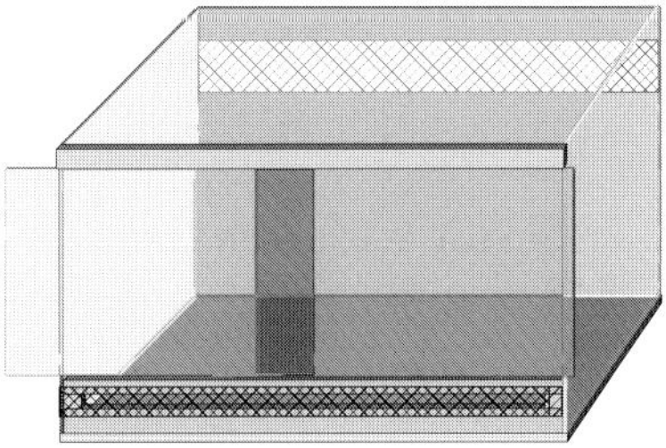

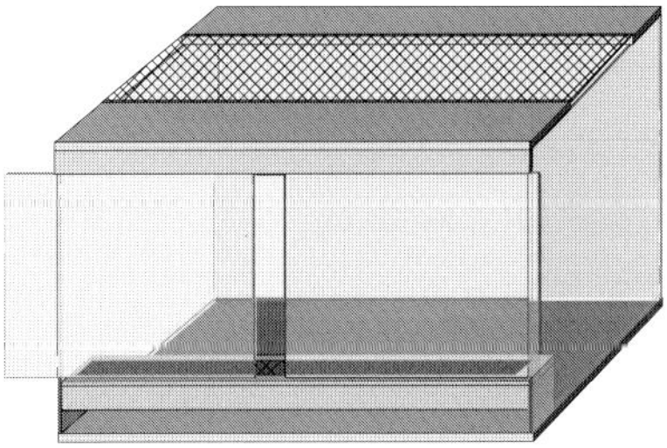

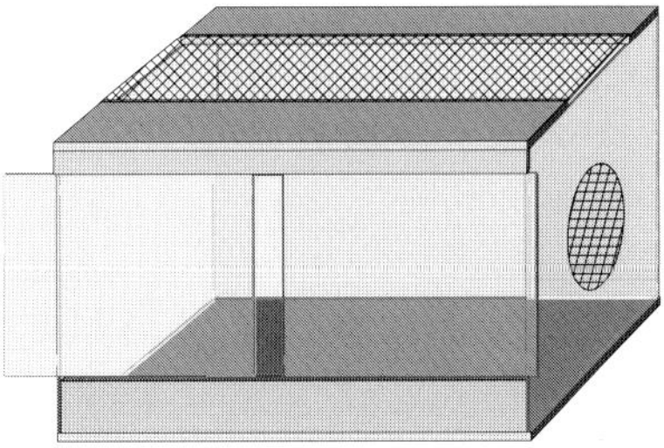

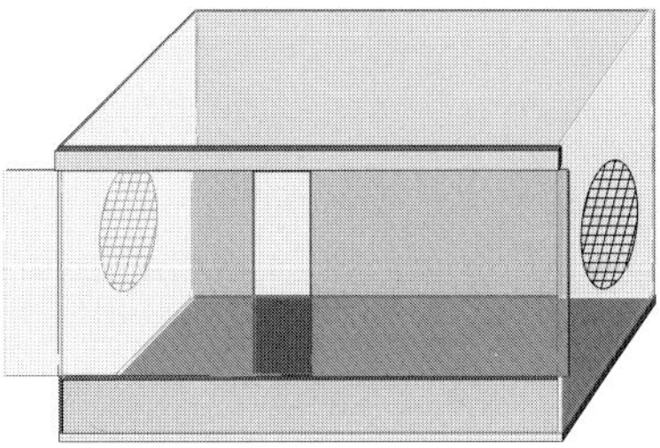

hohe relative Luftfeuchtigkeit benötigen, ist ein Lüftungsgitter unterhalb der Frontscheibe von Vorteil, da die aufsteigende Luft ein Beschlagen verhindert oder mildert.

Mit der Größe der Lüftungsfläche steuert man auch gleichzeitig die relative Luftfeuchtigkeit im Terrarium. So führen kleine Gazeflächen zu einer hohen Luftfeuchtigkeit und große Lüftungsflächen zu einer niedrigen. Da es meistens schwierig ist, die richtige Größe im voraus zu bestimmen, baut man besser Terrarien mit größeren Lüftungsflächen, die später nach Bedarf mit Glasstreifen abgedeckt werden können.

Die Luftbewegung kann auch einen Einfluß auf das Verhalten der Tiere haben. So fällt die Fortpflanzungszeit des Grünen Leguan mit dem Beginn der Trockenzeit zusammen, die sich auch durch ein stärkeres Windaufkommen auszeichnet. Die kühlende Wirkung des Windes ermöglicht es den Leguanen, sich längere Zeit zum Imponieren und Balzen auf besonders exponierten Ästen aufzuhalten.

Die Verbesserung der Luftqualität durch einen Ionisator wird erst seit kurzem in der Terraristik diskutiert. Leider liegen für die Terrarienhaltung noch keine konkreten Ergebnisse vor, wohl aber von den Vogelliebhabern, die das Gerät erfolgreich eingesetzt haben. Es ist kein Geheimnis, daß sich in kleinen Behältern mit nur geringem Luftaustausch eine unnatürlich hohe Zahl von Bakterien, Pilzsporen und Viren in der Luft befindet. Die Keime schwächen die Tiere vermutlich permanent, bis sie an einer „normalen" *Pseudomonas*-Infektion sterben. Die Ionisatoren laden in der Luft enthaltene Partikel elektrostatisch, so daß sie aufgrund entsprechender Anziehungskräfte ausfallen. Ob die Geräte auch in der Terraristik die in sie gesetzten Erwartungen erfüllen werden, bleibt abzuwarten.

Die Fortpflanzungszeit des Grünen Leguans fällt mit dem Beginn der Trockenzeit zusammen.

Licht

Für viele Tierarten spielt neben der Temperatur die Beleuchtung eine ebenso wichtige Rolle. Die Aktivität der Tiere ist oft hauptsächlich von den Lichtverhältnissen (Tag-Nacht-Rhythmus) abhängig, an denen sie Ruhe- und Aktivitätsphasen erkennen. Aber auch andere physiologische Vorgänge werden vom Licht und dessen Intensität gesteuert oder zumindest beeinflußt. Viele Reptilienarten zeigen ihr schönstes Farbkleid und ihr volles Verhaltensrepertoire nur bei ausreichender Lichtmenge.

Es scheint sicher, daß der Stoffwechsel durch die Lichtintensität positiv beeinflußt wird. Verantwortlich dafür ist wahrscheinlich das Scheitel- oder Parietalauge. Dieses rudimentäre Sinnesorgan sitzt auf der Kopfoberseite und ist bei einigen Echsen aufgrund einer an ein Auge erinnernden Zeichnung gut zu erkennen. Man vermutet heute, daß die Tiere mit Hilfe des Parietalauges ihren inneren Rhythmus steuern. Dazu gehören die Regulation der Körpertemperatur, die Dauer der Sonnenbäder und auch Wachsein und Schlafen. Vielen Arten, unter anderem zahlreichen Leguanen (zum Beispiel Grüner Leguan, Kielschwanzleguan, Krötenechsen), nahezu allen Chamäleons (zum Beispiel Pantherchamäleon, Teppichchamäleon, Dreihornchamäleon, Buntes Zwergchamäleon), den meisten Waranen, ebenso vielen Agamen und Skinken, sollte man daher einen kurzen Sommerurlaub im Freilandterrarium oder in einer Voliere auf dem Balkon ermöglichen. Oft wirkt sich hier auch die natürliche UV-Strahlung positiv aus.

Wichtig ist ebenfalls, daß Jahrestemperaturzyklus und Beleuchtungsdauer synchronisiert werden, da für zahlreiche wichtige Funktionen bis heute nicht geklärt ist, ob die Temperatur, die Photoperiode oder eine Kombination von beidem als Auslöser für bestimmte Verhaltensweisen verantwortlich sind. Bekannte Beispiele für diese Frage finden sich beim Europäischen Chamäleon *Chamaeleo chamaeleon* und dem Parson-Chamäleon *Calumma parsonii* aus Madagaskar. Bei der ersten Art fällt der Beginn der Fortpflanzungsperiode genau mit dem Wechsel von zunehmender zu abnehmender Tageslänge in den Mittelmeergebieten zusammen. Fast genau zwei Wochen nach dem längsten Tag (21. Juni) beginnen die Tiere mit der Fortpflanzung.

Calumma parsonii ist in noch höherem Maße von der natürlichen Tageslänge abhängig. So legen die Chamäleons unabhängig von der Temperatur eine Inaktivitäts-Phase im Winter ein. Während dieser Zeit sitzen sie den ganzen Tag fast unbeweglich in ihrem Versteck und nehmen nur gelegentlich Nahrung oder Flüssigkeit zu sich. Etwa Mitte Februar, wenn die Tage bei uns

Dem Dreihornchamäleon sollte man einen „Sommerurlaub" auf dem Balkon oder im Freilandterrarium ermöglichen.

wieder länger werden, werden die Tiere wieder aktiv. Dabei lassen sich die Chamäleons nicht von der künstlichen Beleuchtung täuschen, sondern richten sich nur nach dem natürlichen Tageslicht.

Die Sonnenscheindauer beträgt am Äquator das ganze Jahr über unverändert 12 Stunden. Bereits auf Höhe des zehnten Breitengrads, beispielsweise in San José (Costa Rica), beträgt die Schwankung der Tageslänge (zwischen 11,6 und 12,7 Stunden) im Laufe des Jahres über eine Stunde. Ganz anders sieht es zum Beispiel bei 50° Breite (zum Beispiel in Mainz) aus: Hier ändert sich die Tageslänge von etwa 8,5 Stunden im Winter auf 16,3 im Sommer.

Es ist jedoch zu bedenken, daß in den südlichen Breiten der Winter in unsere Sommermonate fällt. Erhält man Tiere, die aus Gebieten südlich des Äquators stammen, so ist es oft recht schwierig, sie auf unseren Jahresrhythmus umzugewöhnen. Meistens erhält man die Amphibien oder Reptilien der Südhalbkugel nur in unserem „Nordwinter", da sie dann aktiv sind. Am besten leitet man die Winterruhe, also

Agamen stellen hohe Ansprüche an die Lichtintensität.

die kühlere „Jahreszeit“ einfach ein halbes Jahr später ein, wenn auch bei uns die Temperaturen und die Tageslänge abnehmen. Bis dahin hält man die Temperaturen und die Beleuchtungsdauer weiterhin konstant, entsprechend den Verhältnissen der Tiere in ihrem Sommer. Trotzdem bringt diese Methode oft Probleme mit sich. Einfacher ist die Pflege von bei uns geborenen Nachzuchten, da sie von Geburt an an unsere Photoperiode (Schwankung der Tageslänge), aber auch an unsere natürlichen Temperaturschwankungen gewöhnt sind.

Für den Terrarianer ist es natürlich wesentlich leichter, die Tiere im Winter kühl zu halten als im Hochsommer. Steht das Terrarium in einem klimatisierten Raum, der keine Fenster nach außen aufweist, kann man leicht die umgekehrten Jahreszeiten imitieren. Voraussetzung ist jedoch ein technischer Aufwand, der sowohl in bezug auf die Anschaffung als auch auf den Betrieb sehr teuer ist.

Um den Tieren eine sich im Jahresrhythmus ändernde Beleuchtungszeit zu bieten, wäre der ideale Aufstellplatz eines Terrariums unter einem Plexiglasdach, wie es zum Beispiel in Wintergärten, Gewächshäusern und besonders in zahlreichen zoologischen Gärten möglich ist. Da diese Standortwahl zahlreiche Vorteile für viele Reptilienarten aufweist, wollen wir uns später noch ausführlich mit ihr befassen.

Wenn man einmal die Intensität künstlicher Beleuchtungskörper, auf die wir leider angewiesen sind, mit der des natürlichen Lichtes vergleicht, so wird deutlich, daß diese Werte im Terrarium nicht einmal annähernd zu erreichen sind. Hier einige Zahlen: Die Beleuchtungsstärke einer 40-Watt-Glühlampe beträgt in einem Meter Entfernung noch etwa 35 Lux. Im Gegensatz dazu beträgt sie in den Tropen in der Sonne etwa 100000 Lux und selbst im Schatten eines Baumes noch etwa 10000 Lux. Während ihrer Aktivitätsperiode sind die meisten Amphibien und Reptilien also fast nie geringerer Beleuchtung ausgesetzt, wenn man einmal von nachtaktiven oder auf dem Boden der Regenwälder lebenden Arten absieht.

Auf einem überdachten Balkon beträgt die Lichtintensität nur 500 Lux und direkt hinter einem Fenster nur etwa 2000 Lux. Wichtig ist, daß man sich bei der Beurteilung einer Lichtstärke nie vom persönlichen Eindruck beeinflussen läßt, sondern die Lux-Zahl nur mit Luxmetern mißt, wie sie im Pflanzenbedarfshandel erhältlich sind. Angaben über den Lichtbedarf der einzelnen Amphibien und Reptilienarten sind nicht vorhanden und auch nur schwer zu erstellen. Man muß sich daher auf seine Beobachtungsgabe verlassen und versuchen, Inaktivität oder auch mangelnde Farbintensität mit mehr Licht zu begegnen. Die höchsten Ansprüche haben die Sonnenanbeter unter den Reptilien, wie etwa zahllose Leguane, Chamäleons und Agamen. Oft leben diese Tiere in offenen Landschaftstypen, wie Wüsten und Trockensavannen.

Um den Tieren eine angemessene Lichtstärke zu bieten, aber auch aus Energiespargründen, sollten nur hochwertige Strahler und Leuchtstoffröhren als Terrarienbeleuchtung eingesetzt werden. Ferner müssen alle Beleuchtungskörper, insbesondere auch die Leuchtstoffröhren, mit Reflektoren ausgestattet sein, um ihre Leistung optimal zu nutzen.

Bei der Auswahl der Lichtfarbe sollte man Leuchtstoffröhren mit einem möglichst natürlichen, dem Sonnenlicht ähnlichen Farbspektrum verwenden. Steht das Terrarium in einem separaten Zimmer, spielt die Lichtfarbe nur für die Tiere eine Rolle. Sehr angenehm für das menschliche Auge ist eine Kombination aus den Lichtfarben „Tageslicht" und „Warmton", die wir daher für das Schauterrarium im Wohnzimmer empfehlen. Die Leuchtstoffröhren sollten, zumindest bei der Reptilienhaltung, mit Niedervolt-Kaltlichthalogenstrahlern kombiniert werden, mit denen man lokale Licht- und Wärmeinseln im Terrarium bilden kann. Das ist ein sehr schöner optischer Effekt, und die Tiere halten sich hier bevorzugt auf.

Die Frage nach der Zahl der benötigten Leuchtstoffröhren läßt sich nicht immer so einfach beantworten, wie man es der Literatur entnehmen kann. Sie ist abhängig von der gepflegten Amphibien- oder Reptilienart, von dem Behältertyp, der Bepflanzung, der Terrarientiefe und -höhe, aber auch vom Aufstellplatz und weiteren Faktoren. Hier sollte man erfahrene Terrarianer fragen und sich auf die eigene Beobachtungsgabe verlassen. Die Beleuchtungsdauer kann, wenn nötig, mit dem Jahresrhythmus schwanken oder aber etwa 12 bis 14 Stunden täglich betragen.

Feuchtigkeit

Als letzten wichtigen Faktor wollen wir noch die Feuchtigkeit erwähnen. Es ist bekannt, daß kein Lebewesen ohne Wasser existieren kann. Das gilt besonders für Amphibien, aber natürlich auch für Reptilien. Im Normalfall wird Wasser durch Trinken aufgenommen. Einige Reptilienarten aus sehr trockenen Regionen haben sich ihrem extremen und lebensfeindlichen Lebensraum in der Weise angepaßt, daß sie ihren Wasserbedarf fast ausschließlich über die Nahrung decken. Viele Amphibienarten decken ihren Flüssigkeitsbedarf dagegen durch Aufnahme von Wasser über die Haut und verbringen einen Teil ihres Lebens im Wasser.

Feuchtigkeit wirkt also auf recht unterschiedliche Art und Weise auf die einzelnen Amphibien und Reptilien ein: als relative Luftfeuchtigkeit, als Niederschlag und als Substratfeuchte des die Tiere umgebenden Milieus. Besonders groß ist die Abhängigkeit der Amphibien von der Feuchtigkeit, da ihre Haut kaum vor Austrocknung schützen kann. Sie benötigen daher auch fast immer eine feuchte Umgebung.

Die relative Luftfeuchtigkeit kann in den einzelnen Lebensräumen recht unterschiedlich sein. Für eine artgerechte Tierhaltung sind genaue Kenntnisse daher unerläßlich. Bei den Amphibien bewirkt eine erhöhte Luftfeuchtigkeit eine Aktivitätssteigerung, während sie bei zahlreichen Reptilien für eine problemlose Häutung sorgt. Die relative Luftfeuchtigkeit der bodennahen Luftschichten entsteht meistens durch Abgabe von Feuchtigkeit aus dem Untergrund.

Die höchste Luftfeuchtigkeit herrscht in den Regenwaldgebieten, sowohl in den bodennahen als auch in den höheren Luftschichten. In den heißen Trockengebieten der Tropen und Subtropen schwankt die relative Luftfeuchtig-

Der Krokodilmolch (Tylototriton verrucosus) hält sich zur Fortpflanzungszeit im Wasser auf. Regenimitation mit Hilfe einer Kreiselpumpe bringt ihn in Paarungsstimmung.

keit im Laufe eines Tages enorm. Sie ist meist nachts am höchsten und in Bodennähe fast immer geringer als in der Höhe. Genau umgekehrt verhält es sich in den gemäßigten Feuchtklimaten. Auch hier sind also exakte Kenntnisse des Lebensraums der Tiere notwendig. Was nützt einem beispielsweise die Angabe, daß ein Gecko aus den heißen und ariden Savannenlandschaften Afrikas kommt, wenn er dort nicht unter trockenen Steinen sitzt, sondern in Termitenbauten lebt, die ganzjährig eine konstante relative Luftfeuchtigkeit von 80% aufweisen und in denen die Temperatur immer zwischen 28 und 29 °C liegt?

Feuchtigkeit tritt in der Umwelt auch als Niederschlag in Erscheinung. Er wirkt bei zahlreichen Amphibien aktivitätsfördernd und hat häufig durch Trocken- und Regenzeit einen Einfluß auf den Ablauf der Fortpflanzungsperiode. Daher ist ein Nachgestalten des natürlichen Jahresverlaufes oft unerläßlich. Die Reaktionen auf einen Regenschauer sind oft sehr direkt und spontan. Pflegt man Kubalaubfrösche (*Osteopilus septentrionalis*) über längere Zeit, ohne daß die Tiere sich fortpflanzen, so reicht es oft aus, das Terrarium mit Hilfe einer Kreiselpumpe mehrere Nächte hintereinander konstant zu beregnen, um die Paarung auszulösen. Auch bei einigen wüstenbewohnenden Echsen und Schildkröten kann das Überbrausen des Terrariums ein Auslöser für das Paarungsverhalten sein. Am beeindruckendsten ist jedoch ein heftiges Gewitter in der Wüste, vor allem, wenn es längere Zeit nicht mehr geregnet hat. Oft verlassen die Tiere ihre Verstecke schon, bevor die ersten Tropfen fallen, und begeben sich auf die Jagd. Noch am selben Tag oder am nächsten beginnen sie mit der Fortpflanzung, denn die Zeit, in der ausreichend Nahrung zur Verfügung steht, ist meistens knapp bemessen.

Für manche Arten stellt das Wasser den natürlichen Lebensraum dar. Diese Tiere sollten in möglichst großen Aquarien gepflegt werden, die gegebenenfalls einen kleinen Landteil besitzen. Das Fortpflanzungsverhalten wird bei ihnen in der Regel nur durch Temperaturschwankungen ausgelöst. Jedoch sollte man immer wissen, woher die Tiere stammen, beispielsweise ob aus einem stehenden oder einem fließenden Gewässer.

Oft wird der Substratfeuchte bei der Pflege zahlreicher Amphibien und Reptilien zu wenig Beachtung geschenkt. Tiere vieler Arten können Feuchtigkeit aus dem Substrat über die Haut aufnehmen und sind so relativ unabhängig von offenen Gewässern. Sehr wichtig sind feuchte Verstecke und Rückzugsgebiete, da sie aufgrund der Verdunstungskälte meist kühler als die Luft sind.

Entscheidend ist die richtige Substratfeuchte bei der Pflege von Reptilien, die weichschalige Eier legen. Diese Eier nehmen die für ihre Entwicklung benötigte Feuchtigkeit durch die wasserdurchlässige, pergamentartige Eischale auf. Eine zu geringe Substratfeuchte würde zu einem Wasserverlust und damit zum Absterben der Eier führen. Eine zu hohe Substratfeuchte kann dagegen eine zu starke Wasseraufnahme bewirken, so daß der Embryo nicht mehr in der Lage ist, das Ei aufzuschneiden, und erstickt. Die meisten Amphibien legen ihre Eier direkt ins Wasser, wo dann die Entwicklung des Eies und später der Kaulquappen stattfindet. Nur wenige setzen ihre Gelege an Land ab. Sie haben

Erdbeerfröschchen (Dendrobates pumilio) bewässern ihre Gelege.

dann oft komplexe Verhaltensweisen zur Versorgung des Nachwuchses mit Wasser entwickelt. Bekanntestes Beispiel sind manche Pfeilgiftfrösche, bei denen die Eltern die Gelege aktiv bewässern.

Das Terrarium als Lebensraum

Nachdem wir nun die klimatischen Voraussetzungen kurz behandelt haben, wollen wir uns mit weiteren Anforderungen an ein tiergerechtes Terrarium beschäftigen. Ist es wirklich nötig, daß man ein Terrarium mit Pflanzen und Steinen einrichtet, die aus der Heimat der Tiere stammen? Darf man nur Tiere aus dem gleichen Verbreitungsgebiet gemeinsam pflegen? Das sind zunächst Fragen des persönlichen Geschmackes, die auf den Haltungserfolg keinen Einfluß haben. Den einzelnen Amphibien und Reptilien ist es ziemlich gleichgültig, ob sie zum Beispiel auf australischem oder auf norddeutschem Sand oder auf dem Blatt eines nordamerikanischen oder ostafrikanischen Farns sitzen. Auch in der Natur haben sie von dem, was wir als natürlichen Lebensraum bezeichnen, ihre eigenen Vorstellungen. So wechselt manche Art von Baumstämmen zu Zaunpfosten oder von Felswänden auf Hausmauern über und erfreut sich in der unnatürlichen Umgebung bester Gesundheit. Ein Draht kann ebenso eine Sitzgelegenheit darstellen wie das schönste Geäst.

Die Illusion trügt, daß eine artgerechte Haltung nur bei genauer Nachgestaltung des natürlichen Lebensraums möglich wäre. Wie soll man sich auch sonst erklären, daß sich zahlreiche Arten problemlos an den neuen Lebensraum Müllhalde angepaßt haben und sich dort bester Gesundheit erfreuen? Diesen „Biotop" will nun sicher niemand in seinem Terrarium nachgestalten. Wer versucht, einen natürlichen Lebensraum im Behälter darzustellen, sollte nicht vergessen, daß er in der Natur ein zusammenhängendes Ganzes ist, bestehend aus Pflanzen, Untergrund und zahllosen Tierarten, insbesondere auch Räubern, die in vielfältiger Beziehung zueinander stehen. Man spricht in diesem Zusammenhang vom Ökosystem, das jedoch in einem Terrarium nicht zu verwirklichen ist.

Die meisten Terrarianer versuchen daher, nur einen kleinen „Biotop" im Wohnzimmer zu schaffen, wobei die Bepflanzung häufig die Vielzahl der Regenwaldgewächse widerspiegeln soll. Das ist ein nicht leicht umzusetzender Entschluß, denn die Pflege von

Tillandsien und Orchideen sowie zahlreicher kleiner Farne erfordert ebensoviel Mühe und Erfahrung wie die Pflege der übrigen Terrarienbewohner. Auch sollte man nicht vergessen, daß nur kleinste und sich grazil fortbewegende Amphibienarten, wie zum Beispiel Pfeilgiftfrösche, kleine Laubfrösche und kleine und kleinste Reptilien, wie zahlreiche *Anolis* und Geckos, sich als Terrarienbesatz für kostbare Pflanzenterrarien eignen.

Bei der Frage nach den geeigneten Tieren muß man immer ihre Bedürfnisse, wie Terrariengröße, Nahrungsbedarf und nicht zuletzt auch den Pflegeaufwand, berücksichtigen. Ein hübsches, kleines Jungtier oder gar eine ganze Gruppe ist schnell gekauft, ohne daß über die Konsequenzen nachgedacht wird: Aus einer kleinen Echse kann in kurzer Zeit ein stattlicher Grüner Leguan werden.

Daher ist die wichtigste Frage bei der tiergerechten Haltung die nach der Terrariengröße. Die Größe ist jedoch von verschiedenen Faktoren abhängig, unter anderen dem Terrarienformat und der Einrichtung. So sind für kletternde und baumbewohnende Arten die Maße der Bodenfläche im Vergleich zur Höhe des Terrariums zweitrangig, da sich zum Beispiel Geckos und *Anolis* hauptsächlich an den Wänden oder auf der Einrichtung aufhalten. Andererseits ist die Terrarienhöhe für bodenbewohnende Tiere völlig belanglos. Für sie kann es viel entscheidender sein, daß sie die Möglichkeit haben, sich in das Substrat einzugraben.

Kleine Frösche, wie Epipedobates azureiventris, eignen sich zur Pflege in kostbaren Pflanzenterrarien.

Die zu erwartende Größe des ausgewachsenen Tieres ist ein wichtiges Kriterium bei der Planung der Behältergröße. Die adulten Amphibien und Reptilien müssen in der Lage sein, ihre typischen Verhaltensweisen zu zeigen: Sie sollten springen und kurze „Sprints“ bei der Jagd einlegen können. Gerade dabei sind einige Arten derart ungestüm, daß sie blindlings mit dem Kopf gegen die Scheibe stoßen können. Das geschieht nicht nur bei der Jagd, sondern auch, wenn die Tiere

Leopardgeckos halten sich hauptsächlich am Boden auf.

erschreckt werden. Beobachtet man ein derartiges Verhalten bei seinen Pfleglingen, so sollte man durch Einbringen mehrerer Versteckmöglichkeiten sowie durch Verkleiden der Scheiben die Gefahr verringern. Reicht das nicht aus, benötigen die Tiere ein größeres Terrarium.

Oft wird das von der Art abhängige Temperament der Tiere nicht berücksichtigt. Aber nicht nur von Art zu Art, sondern auch von Individuum zu Individuum gibt es deutliche Unterschiede. Hier hilft häufig nur die eigene Beobachtungsgabe weiter. Angehörige lebhafter Arten benötigen natürlich wesentlich größere Terrarien als sich sehr ruhig verhaltende Tiere.

In bezug auf die Anzahl der Tiere ist unbedingt zu bedenken, daß sich oft mehrere Exemplare einer Art erheblich stärker stören als Tiere verschiedener Arten. Auch darf man nicht vergessen, daß zahlreiche Amphibien und Reptilien andere Terrarienbewohner als Futter betrachten können. Dabei sind es nicht immer die großen, die die kleinen fressen. Es gibt auch Unfälle, wo ein kleiner Echsenfresser an einer größeren Echse erstickt. Es kann daher oftmals nur eine Haltung in Paaren empfohlen werden.

Das unterschiedliche Aggressionsverhalten erfordert eine gute Beobachtungsgabe. Hier spielt vor allem das Revierverhalten eine große Rolle. Zahlreiche Arten dulden in ihrem Revier, teilweise auch in ihrem Aktionsraum, keine weiteren artgleichen Tiere oder Tiere ähnlicher Arten. „Verträgliche" Arten bilden im Terrarium kein Revier aus und dulden auch andere Tiere in ihrer Nähe. Zum einen mag das an der Gewöhnung, zum anderen am immer ausreichend vorhandenen Futter liegen. Andere bilden lediglich eine gewisse Hierarchie. Häufig handelt es sich dabei um Arten, die auch in der Natur in Gruppen oder zumindest in hohen Populationsstärken vorkommen.

Will man in einem großen Terrarium eine Gruppe einer Art pflegen, so beginnt man am besten mit der gemeinsamen Aufzucht einiger junger Tiere. Durch laufende Beobachtungen stellt man sich so eine harmonierende Gruppe zusammen. Gerade bei der gemeinsamen Pflege mehrerer Tiere einer aggressiven Art müssen genügend Aufenthaltsplätze, auch für unterlegene Tiere, vorhanden sein. Dazu gehören bei den meisten Reptilienarten gute Sonnenplätze sowie kühle und geschützte Verstecke, aber auch Stellen, an denen die Tiere ungestört und unbeobachtet von ihren Artgenossen Nahrung aufnehmen können.

Tiere anderer Arten wiederum (dazu gehören zum Beispiel zahlreiche Chamäleons) sind so unverträglich, daß sie immer nur einzeln, paarweise oder in kleinen Gruppen, etwa ein Männchen und mehrere Weibchen, gemeinsam gepflegt werden können. Hier bildet das Männchen in jedem Fall sein Revier aus und vertreibt jeden Konkurrenten. Da die unterlegenen Tiere keine Ausweichmöglichkeit haben, sind sie den stetigen Angriffen des dominanten Männchens ausgesetzt, so daß Verletzungen und Nahrungsverweigerungen mit Todesfolge daraus resultieren können.

Ein ganz entscheidender Einfluß auf die Anzahl der gepflegten Tiere kommt der Einrichtung des Terrariums zu. So kann man zum Beispiel für kletternde Arten durch Aufrechtstellen einiger Äste den Aktionsraum erheblich vergrößern und durch eine geschickte Einteilung des Raumes mehrere Reviere schaffen, die natürlich alle ihren eigenen Sonnenplatz und kühle Verstecke besitzen müssen.

Der Standort des Terrariums

Wenn der Entschluß gefaßt ist, sich ein Terrarium einzurichten, muß als erstes ein Standort gewählt werden. Dieses immer wieder auftauchende Problem sollte nicht unterschätzt werden, da der Standort einen entscheidenden

Einfluß auf das Terrarienklima hat. Nur in seltenen Fällen wird man seine Terrarien in einem Klimaraum aufstellen können.

Erreichen Sonnenstrahlen ein Terrarium mit ihrer ganzen Kraft, so steigen die Temperaturen sehr schnell in einen für Amphibien und Reptilien nicht mehr erträglichen Bereich. Bei sehr kleinen Behältern, zum Beispiel Aufzuchtterrarien, reichen mitunter wenige Minuten oder auch eine nur schwache Sonneneinstrahlung, um die Tiere zu schädigen oder zu töten. Die häufig in der Literatur zu lesende Empfehlung, ein Terrarium so aufzustellen, daß eine gewisse Sonneneinstrahlung möglich ist, bezieht sich wohl ausschließlich auf Gazeterrarien, in denen es niemals zum Hitzestau kommen kann. Ferner muß man auch bedenken, daß die Sonneneinstrahlung im Winter mit flacherem Winkel erfolgt, so daß die Sonne Behälter erreicht, die vorher nicht beschienen wurden. Je größer ein Terrarium ist und je besser es belüftet wird, desto geringer ist die Gefahr der Überhitzung.

Um das Terrarienklima selbst bestimmen zu können, empfiehlt sich als Aufstellplatz ein Nordzimmer oder ein gut isolierter Kellerraum. Es ist immer erheblich leichter, die Temperaturen im Terrarium zu erhöhen, als sie künstlich zu senken. Pflegt man Arten aus den gemäßigten Breiten im Keller, so braucht man zur Einhaltung der Winterruhe in der Regel nur die Heizung abzustellen und die Beleuchtungsdauer zu reduzieren, was die Pflege wesentlich vereinfacht.

Wichtig ist natürlich auch, daß die Temperaturen nicht zu stark absinken. Die Gefahr besteht vor allem in Gewächshäusern und Wintergärten; auch in einem schlecht isolierten Keller können die Temperaturen unter die Frostgrenze fallen. In diesen Räumen sollte man eine mit elektronischem Temperaturfühler gesteuerte Heizung installieren, die ein zu starkes Absinken verhindert. In jedem Fall sollten die Temperaturen vor dem Besetzen des Terrariums mit Tieren über einen längeren Zeitraum gemessen werden.

Das Terrarium darf nicht vor Heizkörpern aufgestellt werden, da sie zu jeder Zeit zugänglich sein müssen. Ferner sollte der Schwenkbereich von Schrank- oder Zimmertüren und Fenstern nicht eingeschränkt werden. Niemals darf das Terrarium vor schlecht isolierten Außenwänden stehen, so daß es sie vom übrigen Raumklima trennt, da sich an der Wand sonst leicht Schimmel bilden kann.

Um Fehler zu vermeiden, zeichnet man eine Planungsskizze, auf der maßstabsgerecht die Umrisse des Raumes, der Möbel und die des Terrariums dargestellt sind. Der geplante Behälter sollte sich gut in den Raum einfügen und nicht wie ein Fremdkörper wirken.

Besitzt das Terrarium einen großen Wasserteil oder handelt es sich gar um ein Aquarium, darf man sein Gewicht nicht unterschätzen. Das Aufstellen größerer Paludarien in einer Altbauwohnung kann bereits Probleme bereiten, da ein 100 cm x 50 cm x 50 cm großes Terrarium mit einer Scheibenstärke von 8 mm ein Eigengewicht von etwa 40 kg auf die Waage bringt. Pro Quadratmeter und Millimeter Glasstärke muß man mit etwa 2,5 kg Gewicht rechnen. Hinzu kommt noch das Gewicht des Wassers von 100 kg bei einem Wasserteil von 100 l Inhalt (bei einem Wasserstand von 20 cm im gesamten Behälter). Insgesamt wiegt ein derartiges Paludarium dann ohne Bodengrund (Sand, Steine), technische Ausstattung und weitere Einrichtungsgegenstände bereits 140 kg. Hinzu kommt noch das Gewicht des Unterbaus, auf dem das Becken steht, sowie das des Beleuchtungskastens. Auf diese Weise ergibt sich schnell eine besorgniserregende Belastung. Daher darf man auf keinen Fall ein schweres Terrarium auf einen zu schwachen Unterbau setzen (zum Beispiel eine nicht genügend gestützte Spanplatte) oder auf eine zu geringe Bodenfläche konzentrieren (insbesondere beim Holzfußboden im Altbau).

Unterschiedliche Terrarientypen

Im folgenden wollen wir einige Grundtypen von Terrarien vorzustellen, die den verschiedenen Ansprüchen der Tiere gerecht werden. Aufgrund der zum Teil hohen Spezialisierung einzelner Arten können die vorgestellten Modelle nur eine Auswahl sein. Im speziellen Fall bleibt jedem Terrarianer nichts anderes übrig, als die Haltungsbedingungen nach eigenen Erfahrungen zu optimieren. Nähere Informationen entnehmen Sie bitte der Spezialliteratur.

Das Aquarium

Ein reines Aquarium findet in der Terraristik nur selten Anwendung, da es sich nur zur Pflege von Arten eignet, die vollständig an das Leben im Wasser angepaßt sind und keinen Landteil benötigen. Dabei handelt es sich vor allem um die Larven zahlreicher Frosch- und Schwanzlurche, aber auch um erwachsene Amphibien, wie einige Salamander, Axolotl, Wabenkröten und Krallenfrösche.

Aquarien sind in den unterschiedlichsten Materialien und Maßen im Zoofachhandel erhältlich. Der Selbstbau ist ebenfalls leicht möglich, da aufwendige Klebearbeiten, wie sie für die Lüftungsflächen erforderlich sind, entfallen. Ein Aquarium großer Grundflä-

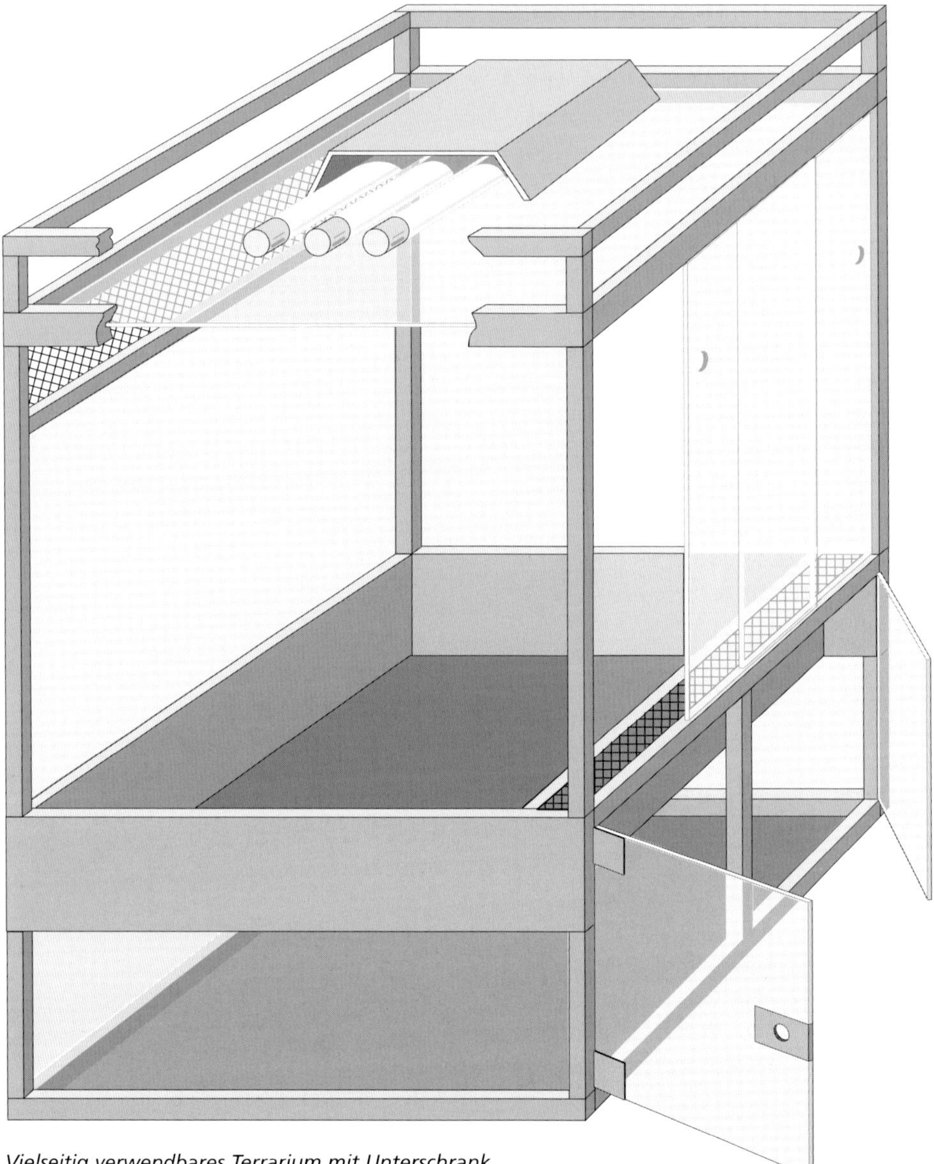

Vielseitig verwendbares Terrarium mit Unterschrank.

che ist einem hohen Becken vorzuziehen, da eine möglichst große Oberfläche den notwendigen Gasaustausch gewährleistet. Nicht vergessen darf man, daß aufgrund des hohen Gewichtes ein stabiler Unterbau nötig ist. Über Einrichtung und die Wartung eines Aquariums brauchen wir hier wohl nicht allzuviel zu sagen, da es sich kaum von einem Aquarium für Fische unterscheidet.

Die Beleuchtung erfolgt am besten durch Leuchtstoffröhren und die Regelung der Wassertemperatur mit einem vom VDE-geprüften Heizregler. Die Heizung muß so angebracht sein, daß sich die Tiere keine Verbrennungen (Verbrühungen) zuziehen können. Die Reinigung des Wassers erfolgt mit einem Filter, der den Inhalt des Aquariums möglichst mehrmals pro Stunde umwälzt. Dennoch sollte einmal in der Woche ein Teilwasserwechsel (etwa ein Drittel bis die Hälfte der gesamten Wassermenge) erfolgen. Als Bodengrund verwendet man am besten den üblichen Aquarienkies, der ebenso wie einige robuste Wasserpflanzen, wie zum Beispiel Amazonasschwertpflanzen oder Vallisnerien, im Aquarienhandel erhältlich ist. Verstecke schafft man am einfachsten durch das Einbringen von Moorkienholzwurzeln. Alle hier erwähnten Gegenstände sind in jedem guten Zoofachgeschäft erhältlich.

Das Aquaterrarium

Beim Aquaterrarium handelt es sich um ein Aquarium, das über einen mehr oder weniger großen Landteil verfügt. Dieser Behältertyp eignet sich zur Pflege verschiedener Amphibien- und Reptilienarten und ist daher in zahlreichen Varianten einsetzbar. Man unterscheidet das ungeheizte Aquaterrarium, das sich zur Pflege zahlreicher Molch- und Salamanderarten eignet, von den beheizten Aquaterrarien, die wohl am häufigsten zur Pflege von Wasserschildkröten verwendet werden.

Zur Einrichtung als Aquaterrarium eignen sich nur große Glasterrarien, in die ein Landteil eingesetzt oder sorgfältig eingeklebt wird. Oft ist es besser, andere einfache und zweckmäßige Behälter, wie große Plastikwannen oder Fertigteiche zu verwenden, da die Tiere häufig ein enormes Bewegungsbedürfnis haben. Will man sehr große Bewohner eines Aquaterrariums pflegen, wie zum Beispiel Krokodile, einige Riesenschlangen (Anakondas) oder große Wasserschildkröten, so sollten Wasser- und Landteil fest gemauert sein, vergleichbar mit entsprechenden Behältern in zoologischen Gärten. Aber nicht alle Bewohner eines Aquaterrariums stellen derartige Raumansprüche. Viele Amphibienarten, aber auch Wassernattern und einige Echsen können in Behältern „normaler" Größe gepflegt werden.

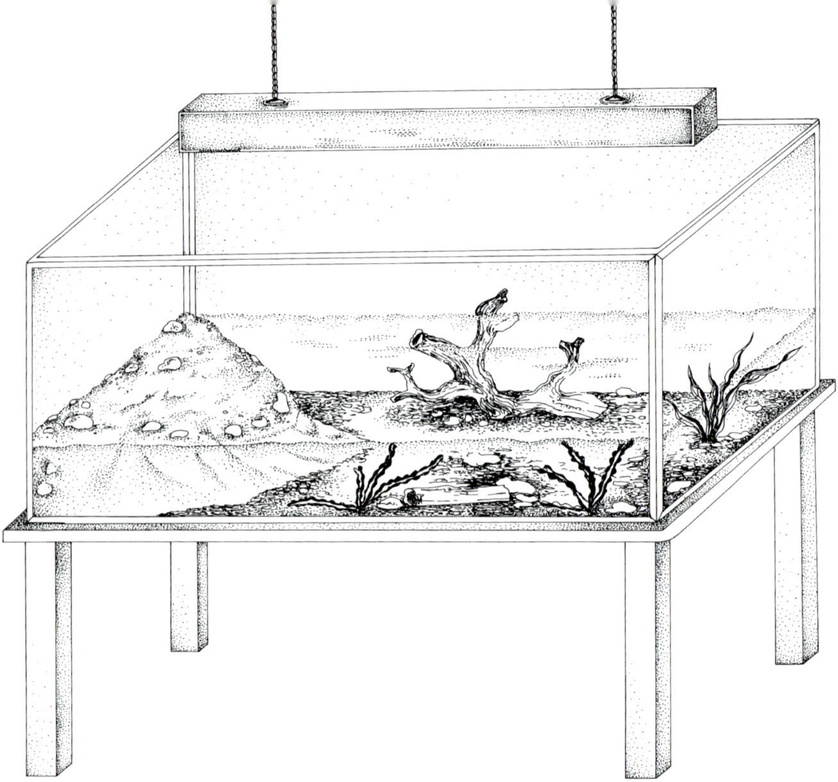

Ein offenes Aquaterrarium, wie es sich zur Pflege von Wasserschildkröten eignet.

Der Landteil muß leicht von den Tieren bestiegen werden können; er sollte daher immer leicht schräg ins Wasser hineinreichen und darf keine glatten Flächen aufweisen. Bildet eine Glasscheibe den Einstieg, so muß sie mit Kork oder anderen rauhen Materialien beklebt werden. Für nahezu vollkommen aquatisch lebende Arten, wie zahlreiche Wasserschildkröten, reicht es auch, wenn man den Landteil einfach aus einer größeren Plastikwanne (zum Beispiel Balkonblumenkästen) bildet, die ins Aquarium gehängt oder gestellt wird. Die Schildkröten nutzen den Behälter ohnehin nur zur Eiablage oder als Sonnenplatz. Wichtig ist eine stabile Abdeckung des Aquaterrariums, vor allem bei der Pflege gut kletternder Tiere. Schlangen sind häufig unterschätzte Ausbruchskünstler.

Beleuchtet werden sollte der Behälter, abhängig von seiner Größe, mit mindestens zwei Strahlern (möglichst HQL- oder HQI-Leuchten). Eine der Leuchten erhellt das gesamte Terrarium, während die andere auf dem Landteil für ein Sonnenplätzchen sorgt. Bei stark wärmeabstrahlenden Lampen ist unbedingt auf den nötigen Abstand zu achten, um Verbrennungen zu vermeiden. Gehen die Tiere häufig an Land, so sollte der Landteil größer und am besten fest eingesetzt sein. Wichtig sind dann meist auch die erforderlichen Versteck- und Aktivitätsräume.

◁ Ein Landteil aus Kork kann von Schildkröten (hier Clemmys guttata) leicht bestiegen werden.

Der Wasserteil wird wie der eines Aquariums eingerichtet. Da beispielsweise Schildkröten auch eine große Menge an Kot in das Wasser absetzen, ist der Filter oft überfordert. Daher ist es von Vorteil, wenn der Wasserteil mit einem direkten Abfluß ausgestattet ist und somit leichter gereinigt werden kann.

Das Feuchtterrarium

Auch beim Feuchtterrarium gilt die grundsätzliche Einteilung in beheizte und unbeheizte Terrarien. Unbeheizte Feuchtterrarien dienen in erster Linie der Pflege einheimischer Amphibien und weiterer Arten aus gemäßigten Klimaten. Wesentlich gebräuchlicher ist das beheizte Feuchtterrarium. Es handelt sich dabei meist um einen kleinen Behälter, in dem ein Stück Regenwald nachempfunden worden ist. In der Regel wird das Terrarium zur Pflege kleinerer Reptilienarten und der zahllosen tropischen Amphibien verwendet.

Da die Tiere eine hohe Luftfeuchtigkeit benötigen, sollten die Lüftungsflächen nicht zu groß sein. Der Beleuchtung dienen meistens Leuchtstoffröhren. Zusätzlich sollten noch kleine Strahler installiert sein. Die Rück- und Seitenwände können mit dünnen Korkplatten verkleidet werden. Der

Die Berberkröte (Bufo mauritanicus) eignet sich zur Pflege im Feuchtterrarium.

Aufbau des Bodenteils ist schon komplizierter. Wichtig ist, daß eine Drainageschicht vorhanden ist. Die gesamte Bodenfläche kann mit einer Laubschicht, einzelnen Steinplatten und Moospolstern abgedeckt werden. Die Einrichtung bilden dann schöne Wurzeln und größere Kletteräste sowie eine üppige Bepflanzung.

Will man größere Tiere pflegen, wie Schlangen oder Großechsen, so muß auch der Behälter entsprechende Ausmaße aufweisen, so daß Glas oft als Baumaterial ausscheidet. Sehr wichtig für die tiergerechte Haltung vieler großer Arten ist ein entsprechender Wasserteil, der fest auf dem Boden installiert und mit einem Abfluß versehen ist. Die Einrichtung kann denkbar einfach gestaltet sein, da große Reptilienarten aufgrund ihres Körpergewichts Pflanzen sofort zerdrücken und viele Echsenarten sie lediglich als zusätzliche Kost betrachten.

Zum Klettern, Laufen und Schlafen müssen zahlreiche dicke und stabile Äste gut gesichert im Terrarium angebracht werden. Der Bodengrund braucht in der Regel nur wenige Zentimeter hoch sein, wenn er nicht der Eiablage dienen soll oder wenn keine grabenden Tiere gepflegt werden. Wem das zu karg aussieht, der kann versuchen, an den für die Tiere schwer erreichbaren Stellen robuste und nicht sehr schmackhafte Pflanzen unterzubringen. Grundsätzlich eignen sich große Tiere nicht so sehr für das „Schmuckstück" des Wohnzimmers.

Das Trockenterrarium

Das Trockenterrarium eignet sich vor allem zur Pflege zahlreicher Reptilienarten aus den verschiedenen Trockenklimaten der Erde. Die beste Bauweise ist bei nicht zu groß werdenden Pfleglingen wieder das silikongeklebte Glasterrarium. Wichtig ist aber gerade bei diesem Terrarientyp eine ausreichende Belüftung, da die Tiere meist keine hohe relative Luftfeuchtigkeit, Staunässe oder Stickluft vertragen.

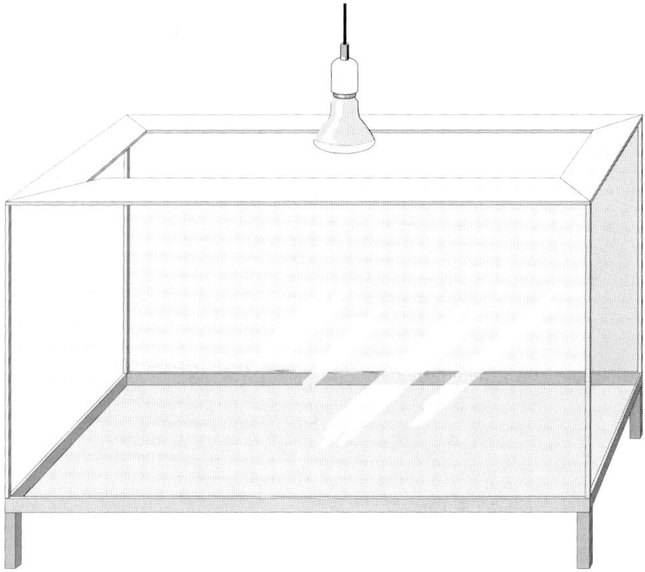

Offenes Trockenterrarium aus silikonverklebtem Glas.

Als Bodengrund verwendet man Sand oder Lehm oder ein Gemisch aus beidem, denn nur so erhält man eine feste Schicht, die das Anlegen von Gängen begünstigt. Da Tiere vieler Arten selber keine Gänge graben, sondern nur verlassene Bauten anderer bewohnen, muß man sie in diesen Fällen selbst anlegen. Aber auch Bereiche, die nur Sand aufweisen, in den die Tiere sich leicht eingraben können, sollten bei der Pflege von wüstenbewohnenden Arten vorhanden sein. An anderen Stellen legt man Steinplatten oder Wurzelstücke auf den Boden. Die Bepflanzung hat nur dekorativen Charakter und kann daher nach rein ästhetischen Gesichtspunkten erfolgen. Geeignet sind verschiedene Sorten von Ziergräsern und besonders die sehr dekorativen Sukkulenten.

Reine Wüstenbewohner erhalten am besten einen Bodengrund aus grobem Sand mit eingestreuten Steinen. Darauf schichtet man einige gegen Einsturz abgesicherte Steinplatten auf. Abgerundet wird die Einrichtung zum Beispiel mit einer Wurzel und einer eingetopften Sukkulente. Bei nicht kletternden Arten eignen sich auch Glasbecken, die oben offen sind. Bei geschlossenen Becken muß immer eine gute Lüftung im Deckel und möglichst in der Seite oder der Front vorhanden sein. Die relative Luftfeuchtigkeit darf nie über einen längeren Zeitraum sehr hoch sein, sondern muß tagsüber stark zurückgehen.

Eine weitere Sonderform des Trokkenterrariums stellt das sogenannte Felsterrarium für die felsenbewohnenden Arten dar. Auch hier ist unbedingt auf die nötige Stabilität des Behälters zu achten, da Felsaufbauten in der Regel sehr schwer sind. Der Bodengrund kann aus Sand bestehen. Einige Pflanzen oder Sukkulenten sowie dikkere Kletteräste oder eine Wurzel vervollständigen die Einrichtung.

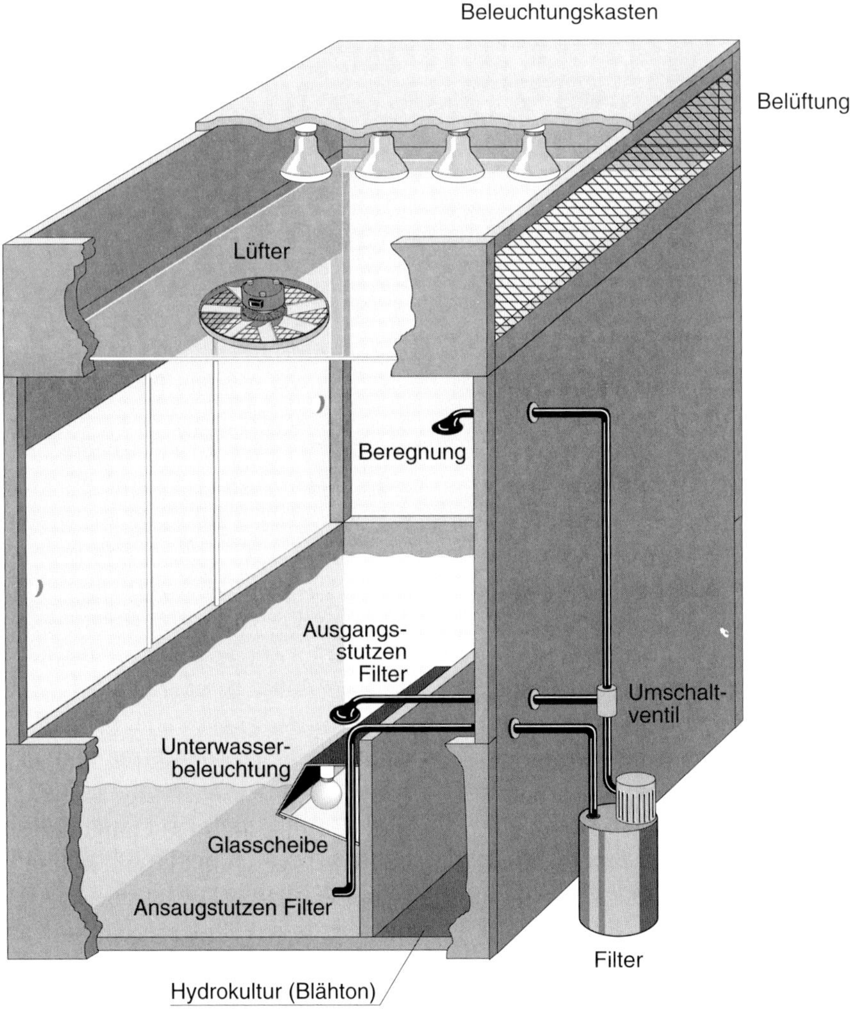

Das Paludarium

Das Paludarium ist ein Becken ganz besonderer Art. Halb Aquarium, halb Terrarium, dient es als Prunkstück einer Terrariensammlung oder als kleiner Urwald im Wohnzimmer. Die Kombination von Tieren und Pflanzen kommt hier besonders gut zur Geltung. Während sich im Wasser bunte Fische tummeln, klettern auf den Epiphytenästen Frösche oder kleine Echsen umher.

Damit ein derartiges Terrarium richtig zur Geltung kommt, muß es natürlich schon eine gewisse Größe aufweisen. Die Mindestmaße sollten daher etwa 100 cm x 60 cm x 120 cm (B x T x H) betragen, wobei der Wasserteil abhängig von den gepflegten Arten ein bis zwei Drittel der Grundfläche bedekken kann und etwa 30 cm hoch sein sollte. Die geringe Bodenfläche wird durch das Volumen über dem Wasser ausgeglichen. So kann man mit Hilfe einiger dicker Äste und einer üppigen Bepflanzung eine zweite oder gar dritte Ebene als Lebensraum für bodenbewohnende Arten schaffen.

Wichtig für den Gesamteindruck ist das Verhältnis der Aquarienhöhe zur Terrariengröße. Der Wasserspiegel sollte zwischen 115 und 130 cm über dem Zimmerboden liegen. Naturgemäß zieht der Wasserteil den Blick stärker auf sich und muß daher eine entsprechend kleinere Sichtfläche bieten als der Landteil, um nicht zu sehr zu dominieren. Die Lage des Wasserspiegels sollte daher auch einer sitzenden Person einen möglichst gleich guten Einblick in die Unter- und Überwasserlandschaft gewähren. Mit etwa 40 cm ist die Breite des Wasserbeckens ausreichend gewählt, so daß die Schmalseiten auch einen Einblick in die Anlage ermöglichen. Die optische Tiefenwirkung eines mit Wasser gefüllten Aquariums ist infolge unumstößlicher Lichtbrechungsgesetze allerdings sehr gering und schrumpft bei einem Pflanzenteil scheinbar noch weiter.

Die Rück- und Seitenwände des Terrarienteils werden mit Korkplatten und anderen Materialien verkleidet und anschließend üppig bepflanzt. Auf den Bodengrund gibt man dicke Äste und Wurzeln, die den Tieren als Verstecke dienen und ein leichtes Erklettern der höheren Regionen ermöglichen. Die freien Flächen werden mit Moos und Laub abgedeckt. Da in der Regel nur kleine und leichte Arten gepflegt werden, eignen sich auch empfindliche Pflanzen für das Paludarium. Besonders schön sind mit Orchideen, Tillandsien, kleinen Bromelien und Farnen dicht besetzte Epiphytenäste. Die Seiten sollten mit rankenden Pflanzen und kleinen Bromelien bepflanzt werden, die den Pfleglingen als zusätzliche Kletterfläche dienen.

◁ *Schema eines Paludariums mit technischem Zubehör.*

Ein Paludarium bietet viele Gestaltungsmöglichkeiten.

Paludarium im Museum Alexander Koenig, Bonn. ▷

Tierschutzbestimmungen

Zahlreiche Amphibien- und Reptilienarten fallen unter die verschiedenen Artenschutzbestimmungen. Aber nicht nur der Artenschutz wird in naher Zukunft eine wichtige Rolle für die Terraristik spielen, sondern auch der Tierschutz.

Hier kann es zur Festlegung von sogenannten Mindestanforderungen kommen, die angeben, unter welchen Bedingungen Tiere einer bestimmten Art gepflegt werden dürfen. Ein Zollstock wäre wohl das wichtigste Hilfsmittel bei der Überprüfung, da das Kernstück dieser Verordnungen naturgemäß die Terrariengröße wäre (leicht zu überprüfen). Daneben könnten aber auch Gesichtspunkte wie Klimatisierung und Beleuchtung, Ernährung, Terrariengestaltung, Vergesellschaftung, die Pflege und erforderliche Sonderbedingungen überprüft werden. Falls es dazu kommt, ist der Terrarianer im Vorteil, der seine Anlage entsprechend vorausschauend geplant hat.

Einige Beispiele aus Vorschlägen bezüglich der Terrariengröße (einem Richtlinienvorschlag des Bundesministeriums für Ernährung, Landwirtschaft und Forsten entnommen):

Für busch- und baumbewohnende Chamäleons sollte das Terrarium viermal so lang, zweieinhalbmal so tief und viermal so hoch wie die Kopf-Rumpf-Länge der Tiere sein, für bodenbewohnende Arten viermal so lang, viermal so tief und zweieinhalbmal so hoch. Für Landschildkröten sollte die Terrarienlänge ein Vielfaches (was das letztendlich sein mag, bleibt abzuwarten) der Körperlänge, die Breite mindestens ein Drittel der Terrarienlänge betragen. Das Terrarium zur Pflege einer großen Boa muß mindestens (bezogen auf die Körperlänge) die Maße 0,75 x 0,5 x 0,75 haben.

Jedem Terrarianer kann nur empfohlen werden, die aktuelle Entwicklung im Auge zu behalten. Sobald in der Presse über entsprechende Gesetzesvorlagen berichtet wird, sollte man sich an das Bundesamt für Ernährung, Landwirtschaft und Forsten wenden und um Übersendung der neuen Richtlinien bitten.

Terrarienbau

Eine wichtige Voraussetzung für den Bau eines Terrariums ist das Einverständnis des Partners oder der Eltern. Lange vor dem eigentlichen Selbstbau erfolgt daher die Planung und Besprechung der eigenen Wünsche und Vorstellungen. Eine Zeichnung ist dabei zum besseren Verständnis sehr hilfreich. Nur wenn alle Beteiligten daran Gefallen finden, sollte man das Terrarium tatsächlich im Wohnzimmer aufstellen. Wie unterschiedlich Terrarien aussehen können, zeigen wir anhand verschiedener Typen, die die Vielgestaltigkeit von Glasterrarien darstellen sollen (siehe Zeichnungen auf den Seiten 40 und 41). Die vorgestellten Behälter sind in diesen Formen schon häufig gebaut worden.

Für den Bau eines Terrariums kann man die unterschiedlichsten Materialien verwenden, wobei die Auswahl davon abhängt, welche Tiere man pflegen möchte. Beispielsweise wird man kein Holzterrarium für Wasserschildkröten oder tropische Frösche bauen. Selbst bei bester Imprägnierung werden nach einiger Zeit durch die hohe Luftfeuchtigkeit und den benötigten Wasserteil Probleme auftreten.

Das Terrarium muß immer auf die Tiere zugeschnitten sein. Wenn nur wenig Stellfläche zur Verfügung steht, ergeben sich daraus die ersten Einschränkungen in bezug auf die Größe und Anzahl der zu pflegenden Tiere. Ihr Wachstum muß ebenfalls berücksichtigt werden. Ein Grüner Leguan kann innerhalb eines Jahres von 20 auf über 100 cm heranwachsen. Nicht nur das Volumen des Terrariums, sondern auch seine Stabilität müssen der Größe und Kraft der erwachsenen Tiere angemessen sein.

Vor dem Kauf des Baumaterials fertigt man sich eine Zeichnung mit allen Maßen des zu bauenden Behälters an, in der alle Längen einzeln aufgeführt und die jeweiligen Gehrungsschnitte markiert sind. Es ist oft einfacher, die nötigen Schnitte mit einer elektrischen Säge durchzuführen, als alles von Hand zu sägen.

Die Materialbeschaffung ist natürlich auch gleichzeitig eine Frage des Geldes. **Glas** kann man zum Beispiel beim

Glaser kaufen oder – kostengünstiger – in fast jeder Schreinerei oder Fensterbaufirma aus alten Fenstern selbst ausglasen. Es ist allerdings nicht ganz einfach, aus einem alten Rahmen das Glas herauszunehmen. Holz bekommt man in fast allen Baumärkten oder in Schreinereien. Der Zuschnitt ist oft kostenlos; hier lohnt es sich aber zu vergleichen. Es ist meistens günstiger, etwas mehr für das Holz zu bezahlen, wenn dafür der Zuschnitt nicht berechnet wird.

Alte Vitrinen oder **Schränke** bieten sich gelegentlich für den Bau eines Trockenterrariums an. Hier lohnt es sich, in den Anzeigenteil der Zeitung zu schauen, zum Beispiel bei Haushaltsauflösungen. Für den Terrarienbau ist altes, abgelagertes Holz besonders geeignet. Sehr häufig benötigt man auch nur eine Verkleidung oder einen Unterbau für sein Terrarium.

Will man **Eisen** und Stahl verwenden, muß man sich an den Gelben Seiten orientieren, die mit dem Telefonbuch geliefert werden. Hier findet man sicher einen Fachhandel in der Nähe. Gerade kleinere handwerkliche Betriebe (Schlossereien) sind oft sehr flexibel und gehen auf die Wünsche des Kunden ein. Auch hier sollte man sich erkundigen, ob der Zuschnitt des Materials bereits im Kaufpreis enthalten ist.

Auf die Unbedenklichkeit der verwendeten Materialien muß unbedingt geachtet werden. Viele Farben, Lacke und insbesondere Holzschutzmittel können für unsere Pfleglinge gefährlich werden. Aus zementhaltigen Stof-

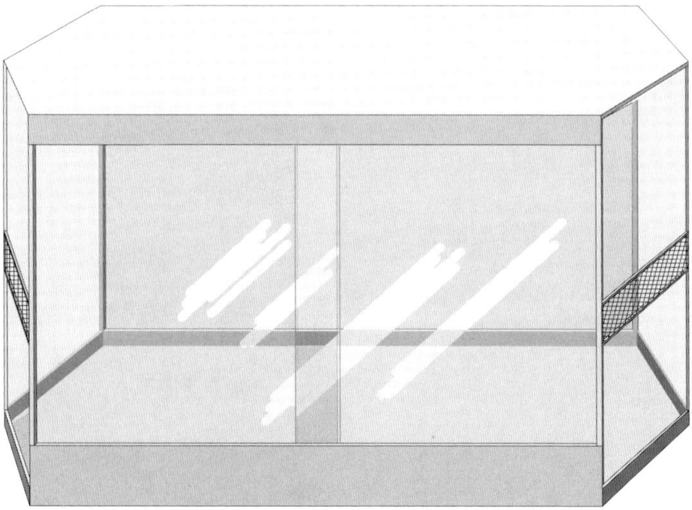

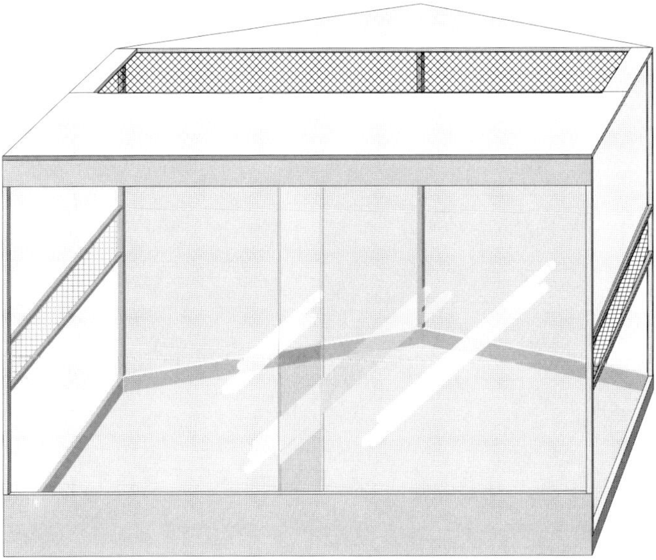

Silikonverklebte Glasterrarien lassen sich in vielen verschiedenen Formen und für unterschiedliche Zwecke bauen.

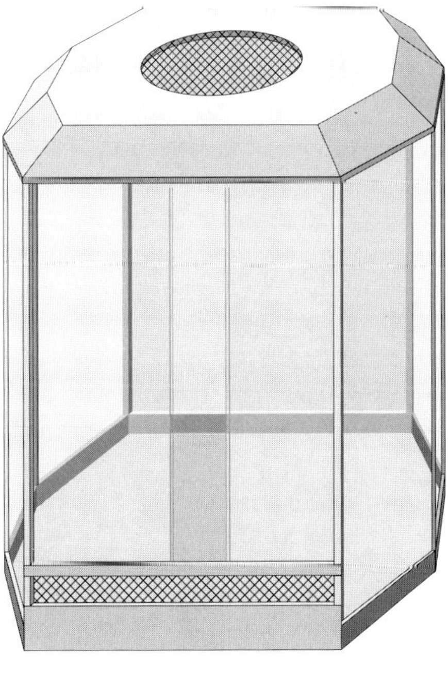

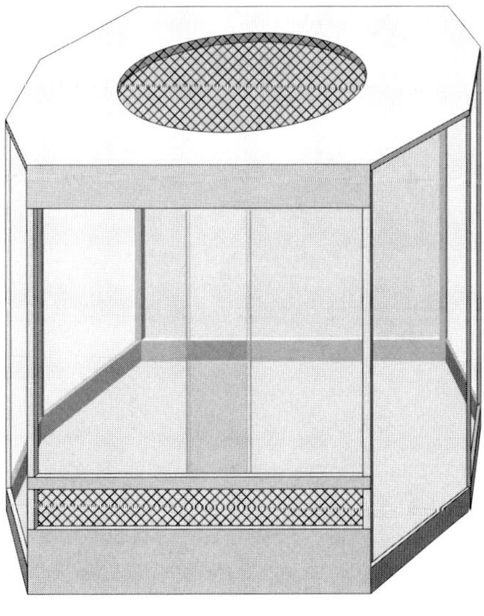

fen gefertigte Teile müssen gesäubert und gewässert werden. Bei der Verwendung von PU-Schaum muß man die Aushärtungszeit unbedingt einhalten.

Mittel, die bei der Verarbeitung giftige Gase oder Dämpfe abgeben, sollten nur im Freien, auf keinen Fall im Terrarienzimmer verwendet werden. Grundsätzlich sind die Herstellerangaben zu befolgen. Wenn man sich nicht ganz sicher ist, sollte man immer beim Hersteller nachfragen. Es gibt einfach zu viele und zudem ständig neue Materialen im Handel, als daß man hier eine generelle Aussage machen könnte. Einige Stoffe sind zwar bei der Verarbeitung gefährlich, aber nach dem Aushärten oder Abtrocknen unbedenklich. Bei allen Arbeiten ist auf den Schutz der eigenen Gesundheit zu achten. Es müssen immer angemessene Sicherheitsmaßnahmen getroffen und, wenn nötig, geeignete Schutzkleidung getragen werden.

Im folgenden wollen wir die unterschiedlichen Baumaterialien vorstellen, aus denen Terrarien üblicherweise gefertigt werden, und grundsätzliche Tips sowie kurze Bauanleitungen geben. Für alle Terrarien gilt, daß Glas als Material der Sichtscheibe unentbehrlich ist. Man kann in besonderen Fällen Plexiglas benutzen, das jedoch selbst bei schonender Behandlung nach einiger Zeit zerkratzt und dann nicht mehr besonders schön aussieht.

Mit Silikonkleber gefertigte Glasterrarien

Von allen in der Terraristik gebräuchlichen Behältertypen hat sich das Glasterrarium als der vielseitigste erwiesen. Es ist von allen Seiten gut einzusehen; die Baumaterialien (Glas und Silikonkleber) sind für die Tiere unbedenklich. Reinigung und Desinfektion des Behälters bereiten keine Schwierigkeiten.

Der Handel bietet bereits eine Vielzahl von verschiedenen Glasterrarien an, bei denen es sich jedoch meistens um Standardgrößen handelt, die sich nicht überall integrieren lassen. Daher ist man oft entweder auf spezielle Einzelanfertigungen oder den Selbstbau angewiesen. Ein weiteres Problem käuflicher Standardterrarien ist die fehlende Flexibilität in bezug auf besondere Vorrichtungen, die für eine artgerechte Tierpflege unerläßlich sind. Dazu gehören unterschiedlich große Belüftungsflächen, Bohrungen für Leitungen, ein abgetrennter Wasserteil und andere, den Ansprüchen der Tiere entsprechende Einrichtungen. Außerdem ist ein selbstgebautes Terrarium deutlich preisgünstiger als ein gekauftes.

Mit Silikonkleber gefertigte Glasterrarien sind für nahezu alle kleinen und mittelgroßen Amphibien- und Reptilienarten geeignet. Benötigt man jedoch sehr große Behälter, sind die Grenzen des Selbstbaus schnell erreicht. Für die Pflege größerer Tiere, von Tieren mit hohem Raumanspruch oder von Amphibien und Reptilien, die einen großen Wasserteil benötigen, müssen die Behälter eine sehr hohe Stabilität aufweisen, die nur durch eine entsprechende Glasstärke zu erreichen wäre. Daher sollten derartige Terrarien einen stabilen Rahmen besitzen, in den die Scheiben nur eingesetzt werden, oder aus Stein gemauert sein.

Die **gebräuchlichste Glassorte** stellt das 4 mm starke Fensterglas dar. Mit diesem Glas kann man Terrarien bis zu einer Größe von etwa 80 cm x 40 cm x 50 cm (L x T x H) bauen, vorausgesetzt natürlich, man will keinen größeren Wasserteil anlegen, die Einrichtung nicht aus Naturstein gestalten und die plan und stoßsicher aufliegende Grundplatte nicht übermäßig belasten.

Für größere Terrarien verwendet man sicherheitshalber stärkeres Glas, das aber das Gewicht des Behälters sehr erhöht und den Selbstbau oft erschwert.

Wenn man die benötigten Scheiben in einer Glaserei kauft, läßt man sie sich sofort nach Maß zuschneiden. Man sollte nicht vergessen, die Scheibenkanten schleifen zu lassen, um Verletzungen vorzubeugen. Preiswerter wird es, wenn man sich seine Scheiben aus **Altglas**, das der Glaser aus nicht mehr benötigten Fenstern herausgelöst hat, zuschneiden läßt. Wir wollen aber nicht verschweigen, daß Glas mit zunehmendem Alter spröde wird und somit leichter bricht.

Noch viel günstiger ist es, das Glas selbst aus alten Fensterrahmen zu lösen und anschließend eigenhändig zuzuschneiden. Mit der Suche nach Altglas beginnt man am besten bei Firmen, die neue Fenster einbauen (siehe Gelbe Seiten). Derartige Firmen in der näheren Umgebung ruft man an und fragt, was sie mit den alten, ausgebauten Fenstern machen. Da sie sie in den meisten Fällen nach dem Ausbauen einfach in einen Container werfen und die Entsorgung bezahlen müssen, bietet man den Firmen nun ein für beide Seiten lukratives Geschäft an. Wenn die Fensterbauer die alten Holzfenster mit heilen Glasscheiben nicht wegwerfen, sondern vor den Container stellen, kommt man abends vorbei und löst die alten Scheiben aus dem Rahmen. Den dann noch verbleibenden geringen Müll (der zusammengelegte Holzrahmen) legt man ordentlich auf den Müllbehälter.

Zum **Auslösen der Scheiben** benötigt man eine Fuchsschwanzsäge, ein Stemmeisen und einen mittelschweren Hammer. Der Rahmen wird auf den Kopf gestellt, da das Schwitz- und Putzwasser den Kitt und das Holz auf

Um eine Fensterscheibe auszuglasen, trennt man den Rahmen mit einer Säge auf.
Mit vorsichtigen Schlägen werden die Teile des Rahmens entfernt.

der Unterseite schon recht mürbe gemacht hat. Anschließend wird auf einer Seite ein Schnitt von oben direkt neben dem vertikalen Kittfalz ins Holz getrieben, bis der horizontale Rahmenteil durchschnitten ist. Dann wird der seitliche Rahmenteil mit einem Stemmeisen vorsichtig gelockert und anschließend zur Seite gedrückt und so gelöst. Meist läßt sich der obere (eigentlich untere) Holzrahmenteil anschließend auch leicht abnehmen; wenn nicht, muß er mit einigen von unten geführten, vorsichtigen Hammerschlägen vom Glas getrennt werden. Als nächstes wird die letzte Seite und das untere Stück Rahmen auf gleiche Art und Weise gelöst: Schon ist man im Besitz einer Altglasscheibe.

Planung und Vorbereitung

Der **Zuschnitt des Glases** sollte auf einer nicht zu harten Platte mit entsprechendem Werkzeug (handelsüblicher Glasschneider und nur im Glasereifachhandel erhältlicher Glasschneidewinkel) erfolgen. Das gereinigte Glas muß völlig plan auf der Unterlage aufliegen. Nun wird die eigentliche Schnittstelle ausgemessen. Man darf dabei nicht vergessen, daß das Schneiderädchen des Glasschneiders nicht unmittelbar am Glasschneidewinkel, sondern in einem Abstand von 2,5 mm schneidet. Den Glasschneider setzt man am oberen Ende des Winkels an und zieht ihn unter kräftigem und gleichmäßigem Druck bis zum unteren Ende der Scheibe. Die auf diese Weise angeritzte Scheibe bricht man, indem man das

Zum Schneiden des Glases benötigt man einen geeigneten Winkel.

kleinere Stück so über eine Kante (beispielsweise Tischkante) hinausragen läßt, daß sich die Schnittstelle auf ihrer Höhe befindet, und es mit kräftigem Ruck nach unten drückt.

Um sich nicht am Glas zu schneiden, sollte man die **Schnittstelle** nun mit feinem Schmirgelpapier **abschleifen** (Wasserschleifpapier eignet sich besonders gut). Das Schmirgelpapier wird quer zur Schnittkante geführt, da so die Verletzungsgefahr gering ist und die Kante effektiv geschliffen wird.

Bereits vor dem Bau müssen alle besonderen Wünsche und Erfordernisse berücksichtigt werden. Wichtig ist, daß das Terrarium mit **mindestens zwei Lüftungsflächen** ausgestattet wird. Eins der Lüftungsgitter ist an der Vorderseite unter der Terrarienöffnung plaziert, so daß die einströmende und dann aufsteigende Frischluft ein Kondensieren der Luftfeuchtigkeit an den Frontscheiben verhindert. Besonders wichtig ist diese Form der Lüftung bei Feucht- und Regenwaldterrarien, deren Scheiben sonst den ganzen Tag über beschlagen sein können und dann auch leicht von Algen überzogen werden. Die Lüftungsfläche kann aber auch in den Seitenwänden oder in der Rückwand angebracht werden. Die

Lüftungsflächen lassen sich mit einem Kreisglasschneider ausschneiden.

zweite Öffnung sollte sich jedoch immer im Deckel befinden, so daß eine dauernde Luftzirkulation stattfindet und „Stickluft" erst gar nicht entstehen kann.

Bei Terrarien zur Pflege von Arten, die eine **hohe relative Luftfeuchtigkeit** benötigen, hält man die Lüftungsschlitze entsprechend klein. Da es sehr schwierig ist, die benötigte Größe der Lüftungsfläche abzuschätzen, ist es günstiger, größere Lüftungsflächen in die Terrarien einzubauen und sie, wenn nötig, mit einer Scheibe oder einem Stück Folie teilweise wieder zu verschließen.

Bei **Wüstenterrarien** und bei der Pflege von Arten mit einem großen Frischluftbedürfnis plant man möglichst große Lüftungsflächen ein. Dadurch erhält man gleichzeitig eine geringere relative Luftfeuchtigkeit. Gerade bei Wüstenterrarien ist dieser Effekt erwünscht. Benötigt man aber gleichzeitig gute Umluft und eine hohe Luftfeuchtigkeit, so muß man die nötige Luftbewegung mit Hilfe eines kleinen Ventilators erzeugen, wie er zum Beispiel zur Kühlung von Elektrogeräten und Computern verwendet wird.

Man kann **runde Lüftungsflächen** ohne nennenswerten Stabilitätsverlust in ein Terrarium einbauen. Dazu schneidet man mit einem Kreisschneider (Glasschneider, der an einer Stange variabel befestigt werden kann und wie ein Zirkel um einen Punkt gedreht wird) mehrere immer kleiner werdende Kreise in die dafür vorgesehene Glasscheibe, die sofort nach dem Schneiden zum Springen gebracht werden müssen. Danach bricht man vorsichtig den kleinsten Kreis heraus und fährt mit dem nächstgrößeren fort, bis alle herausgelöst sind. Anschließend darf man auch hier nicht vergessen, alle Kanten sorgfältig abzuschleifen, um Schnittverletzungen zu vermeiden. Die Arbeit setzt eine gewisse Übung voraus. Wichtig ist, daß die verbleibenden Ränder mindestens 5 cm breit sind, da sie sonst leicht wegbrechen.

Die Anschaffung eines Glasbohrers lohnt sich nur, wenn man ihn oft benötigt.

Die Lüftungsöffnungen kann man bereits vor dem Einbau der Scheibe mit Gaze bekleben. Bei der Pflege von Tieren größerer Arten, denen man Heimchen, Schaben und andere kräftige Insekten anbietet, sollte man nur **Metallgaze** zum Verschließen der Lüftungsflächen verwenden, da die Futtertiere Plastikgewebe zerbeißen können. Bei Aufzuchtbehältern und Terrarien zur Pflege von kleinen Arten reicht allerdings Plastikgaze meist aus. Das Plastikgewebe sollte heiß gewebt worden und UV-Licht-beständig sein, da es so wesentlich haltbarer ist.

Vor dem Zusammenkleben der Scheiben müssen alle erforderlichen Bohrungen vorhanden sein. Mit Hilfe eines im Glasereibedarfshandel erhältlichen Glasbohrers und viel Geschick kann man die **Bohrungen** selbst ausführen. Die mit einem elektronischen Drehzahlregler ausgestattete Bohrmaschine wird in einen Bohrständer eingehängt und der Glasbohrer eingespannt. Die Scheibe muß während des gesamten Bohrvorgangs plan aufliegen und darf nicht verrutschen. Ein Glasblock oder eine dicke Glasscheibe eignen sich besonders gut als Unterlage. Mit geringer Drehzahl und viel Gefühl wird die Bohrung vorgenommen.

Wichtig ist, daß die Bohrstelle und ihre unmittelbare Umgebung mit etwas Wasser bedeckt ist, damit das Bohrmehl sofort ausgeschwemmt und die Bohrränder nicht zu heiß werden.

Da die Bohrer sehr teuer sind, lohnt sich ihre Anschaffung nur, wenn man sie oft benötigt. Ansonsten ist es günstiger, das Glas in einer Glaserei bohren zu lassen.

Rechtzeitig muß man sich Gedanken über die Öffnung des Terrariums machen. Meistens befindet sie sich in der Vorderseite und wird durch doppelte **Schiebetüren** verschlossen, die in einer Doppel-U-Profilschiene aus Plastik geführt werden. Es ist aber auch möglich, das Terrarium mit nur einer Scheibe sicher zu verschließen. Hierfür eignen sich die handelsüblichen H-Profile aus Aluminium hervorragend. Will man mehrere Terrarien nebeneinander aufstellen, müssen sie bei Verwendung nur einer Scheibe etwas versetzt stehen, da die geöffneten Scheiben an einer Seite herausragen. Eine weitere Methode, die aber viele Nachteile aufweist, ist das Aufhängen der Frontscheibe an aufgeklebten Scharnieren, so daß sich das Terrarium wie ein Wohnzimmerschrank öffnen läßt.

Ein ästhetisches „Problem" stellen die glatten Glasfrontscheiben bei der Haltung von Gecko- und *Anolis*-Arten mit Haftlamellen dar, da sich die Tiere gern an ihnen aufhalten und dort leider auch häufig ihr „Geschäft" hinterlassen. Eine derart schwarzweiß gesprenkelte Scheibe wird in einem separaten Terrarienzimmer nicht allzusehr stören. Steht der Behälter hingegen als Prunkstück im Wohnzimmer, so sind die verschmierten Frontscheiben in jedem Fall ein Ärgernis. Die einzig sichere Methode, die Verschmutzung zu vermeiden, besteht darin, die Frontscheiben schräg zu stellen (siehe auch Lilge & van Meeuwen 1979), so daß der Kot einfach auf den Boden fällt. Entsprechende Terrarien finden Sie auf den Zeichnungen Seite 49. Da sich schräge Scheiben schlecht oder gar nicht schieben lassen, werden bei dieser Art des Terrarienverschlusses die Frontscheiben oft einfach vor die Öffnung gestellt. Diese Form des Verschlusses ist natürlich nicht so stabil wie eine in einer Führung befindliche Frontscheibe.

Schmale Terrarien oder kleine Aufzuchtbehälter wirken durch die schräge Scheibe meist optisch tiefer und schöner. Diesen Effekt kann man auch dadurch erreichen, daß man die vorderen oberen Ecken der Seitenscheiben gleichmäßig abschneidet. Hierauf klebt man nun eine Glasscheibe, die einen hervorragenden Einblick in das Terrarium aus einem ungewohnten Winkel ermöglicht. Will man seine Tiere durch die geschlossene

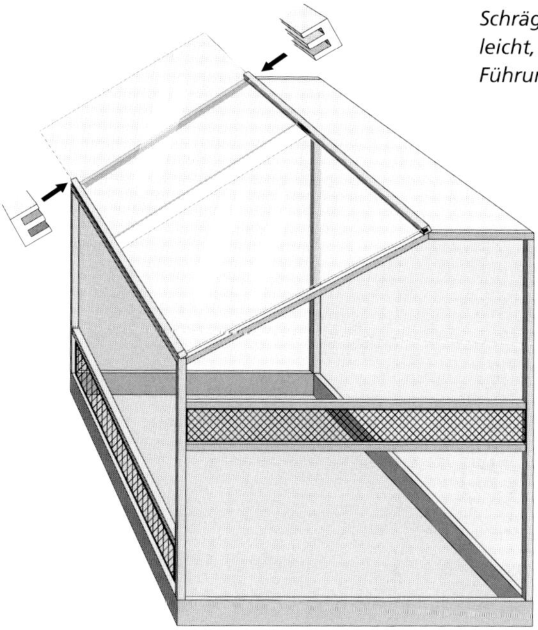

Schräge Sichtscheiben verschmutzen nicht so leicht, lassen sich aber oft nur schwer in ihrer Führung bewegen.

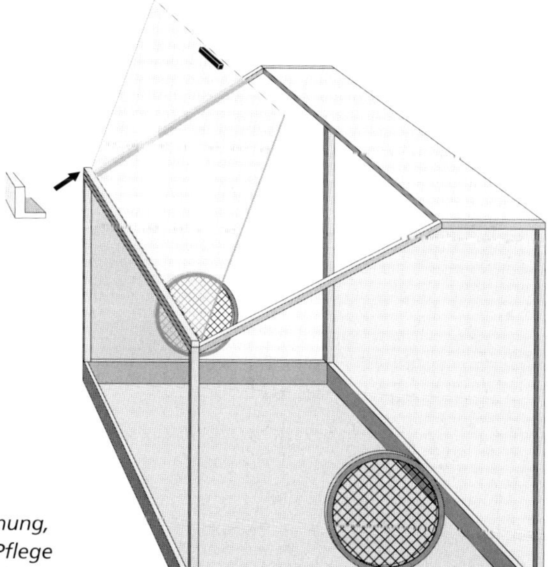

Stellt man die Scheiben nur vor die Öffnung, lassen sie sich leicht entfernen. Für die Pflege kräftiger Tiere ist diese Form des Verschlusses natürlich nicht geeignet.

Fest eingebaute schräge Scheiben ermöglichen einen sehr guten Einblick in die Terrarien.

Frontscheibe fotografieren, so sollte man auf jeden Fall Kristallspiegelglas oder entspiegeltes Glas verwenden, da diese Sorten die Zahl der Reflektionen erheblich mindern.

Die verschiedenen **Silikonkleber** lassen sich beim Bau von Terrarien recht einfach verarbeiten. Wichtig ist jedoch, nur Kleber zu verwenden, deren Lösungsmittel auf Essigsäurebasis hergestellt worden ist. Die auf der Verpackung angebrachten Sicherheitsbestimmungen sind immer einzuhalten. So sollte die Verarbeitung nur bei Temperaturen zwischen 5 und 35 °C erfolgen. Ferner darf man nicht vergessen, daß immer ein wenig Lösungsmittel (Essigsäure) entweicht und Augen, Nase sowie Mundschleimhäute reizen kann. Daher darf die Verarbeitung nur in gut belüfteten Räumen erfolgen. Der Kleber darf nicht in Kontakt mit Haut und Kleidung kommen, da er sich nur schlecht oder gar nicht mehr entfernen läßt.

Vor dem Auftragen sind alle Klebeflächen mit einem fettlösenden Reiniger (Spiritus oder Aceton) sorgfältig zu säubern, indem man die Scheibenränder mit in Lösungsmittel getränkten Wattebäuschen gründlich abreibt. Dieser Arbeitsvorgang erfordert peinlichste Sorgfalt. Man muß insbesondere darauf achten, die Stellen, an denen der Kleber aufgetragen wird, nach der Reinigung nicht mehr mit den Fingern zu berühren. Im Handel erhält man den Silikonkleber in Kartuschen, aus denen er nach dem Öffnen der aufschraubbaren Spitze mit einer Handpresse herausgedrückt wird. Das Silikon wird immer gleichmäßig in einem Strang auf die Glaskanten aufgetragen, damit sich keine Luftlöcher bilden, die später zu undichten Stellen führen können.

Bauanleitung

Im folgenden geben wir eine Bauanleitung für ein rahmenloses Glasterrarium. In unserem Beispiel handelt es sich um ein würfelförmiges Standardterrarium von 40 cm Kantenlänge. Um bei dieser Größe eine ausreichende Stabilität zu erreichen, sollte man Glas mit einer Mindeststärke von 4 mm (Stärke normalen Fensterglases) verwenden.

Der erste Arbeitsschritt ist die Anfertigung einer Skizze des Terrariums mit Berechnung der Größe der benötigten Glasscheiben. Jetzt muß man sich auch für eine bestimmte Verschlußtechnik entscheiden. Bei einer Ausführung mit doppelter Schiebescheibe muß die die Führung tragende Frontblende zwischen den Seitenscheiben liegen, bei Verwendung einer einzigen Frontscheibe jedoch davor, da die Scheibe sonst nicht an den Seitenscheiben vorbei zur Seite bewegt werden kann. In unserem Beispiel soll eine doppelte Schiebescheibe verwendet werden, da die einzelne Frontscheibe viele Nachteile aufweist. Das Glas wird nun den berechneten Maßen entsprechend zugeschnitten. Je genauer der Zuschnitt erfolgt, desto weniger Kleber benötigt man. Bei einer Maßtoleranz von etwa 0,5 mm genügt einem „Profi" eine Klebenaht in der Stärke einer normalen Bleistiftmine.

In unserem Beispiel haben die Scheiben die folgenden Abmessungen: Bodenscheibe 39,2 cm x 39,2 cm; Rückwand 39,2 cm x 39,6 cm; zwei Seitenwände 39,6 cm x 40 cm; eine Frontblende 39,2 cm x 5 cm, eine Blende 39,2 cm x 3 cm, eine Blende 40 x 3 cm; zwei Stützen 3 cm x 3 cm; für das Dach je zwei Scheiben 40 cm x 10 cm und 20 cm x 10 cm. Wie man anhand der Maße leicht sehen kann, bildet die Glasstärke eine wesentliche Berechnungsgrundlage. Verwendet man, wie in unserem Beispiel, 4 mm starkes Glas für ein Terrarium der Kantenlänge 40 cm, so beträgt die Kantenlänge der Bodenscheibe 39,2 cm (40 – [2 x 0,4] = 39,2).

Alle Kanten sind nach dem Schneiden sofort sorgfältig zu schleifen und vor dem eigentlichen Kleben zu reinigen und zu entfetten. Auch das Gazegewebe, mit dem die Belüftungsflächen verschlossen werden sollen, muß vorher zurechtgeschnitten werden, in unserem Beispiel auf folgende Maße: 24 cm x 22 cm für das Dach und 38 cm x 6 cm für die Front.

Die für unser Beispiel, ein würfelförmiges Terrarium von 40 cm Kantenlänge, benötigten Bauteile.

Die einzelnen Arbeitsschritte (hier Teilschritte 1 bis 3) werden im Text erläutert. ▷

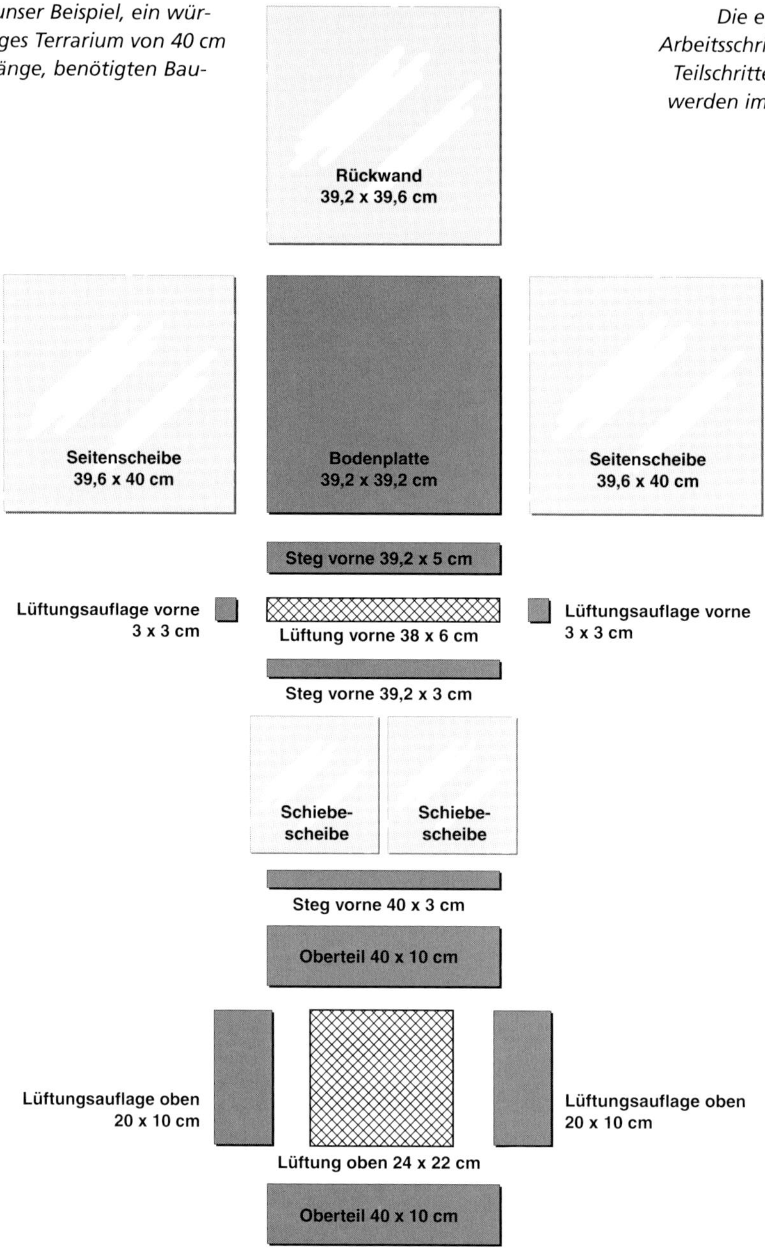

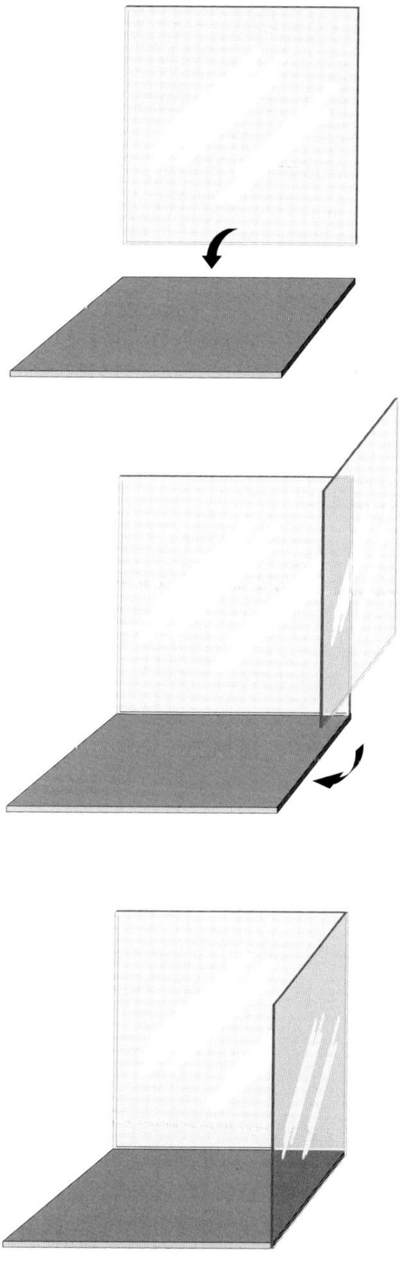

Der eigentliche Bau geht in folgenden Arbeitsschritten vor sich:

1. Auf eine plane Fläche wird ein Bogen Zeitungspapier und darauf die Bodenscheibe gelegt, deren Schnittkanten von der Seite her lückenlos mit Silikonkleber bestrichen werden. Zum leichteren Arbeiten kann auf die Bodenscheibe ein Gewicht gelegt werden, um ihr Verrutschen zu vermeiden.
2. Die Seitenkanten der Rückwand werden nun ebenfalls mit Silikonkleber bestrichen. Ein mittelschwerer Maschinenschraubstock ersetzt hier und später hilfreich die dritte Hand. Dann wird die Rückwand dem Schraubstock entnommen und an die hintere Kante der Bodenscheibe seitenbündig angepreßt. Für diesen Arbeitsschritt, wie auch für die weiteren, ist es günstig, wenn eine zweite Person die Rückwand kurz festhält. Man kann sich aber auch mit einer Stütze (Ziegelstein) behelfen.
3. Die erste Seitenwand wird nun gegen die Bodenscheibe und gegen die Seitenkante der Rückwand gepreßt. Wer noch nie ein Terrarium selbst gebaut hat, wird erstaunt sein, wie gut der Kleber die Scheiben bereits jetzt zusammenhält. Trotzdem sollte man

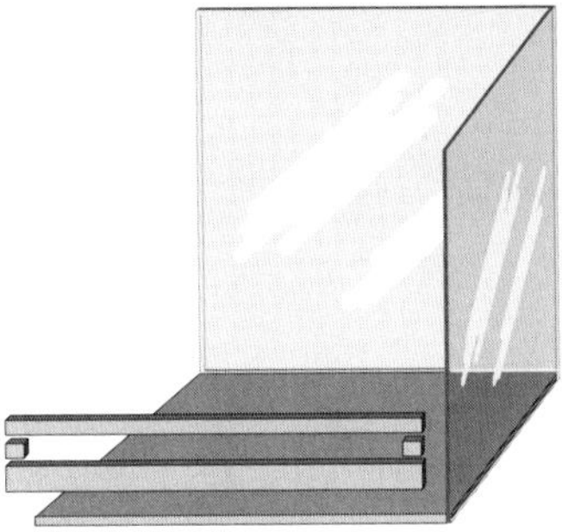

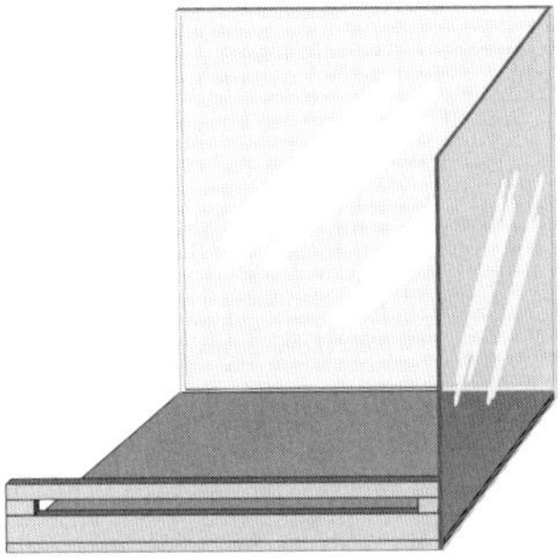

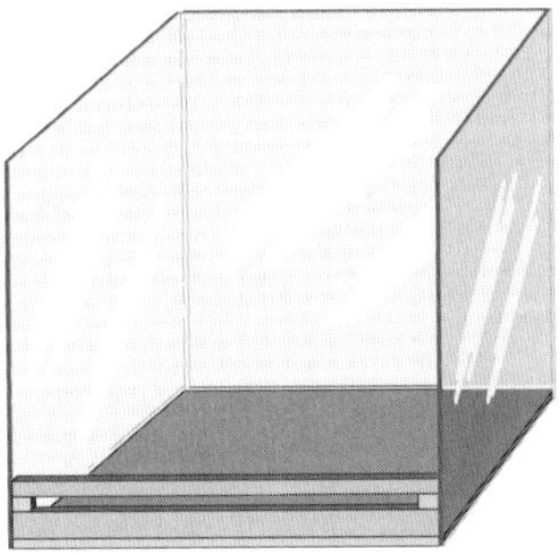

zur Sicherheit einen Streifen Klebeband oben um die Ecke kleben, so daß die Scheiben nicht mehr auseinanderfallen können.

4. Die erste untere Blende der Frontscheibe (39,2 cm x 5 cm) wird an einer kurzen Seite mit Silikonkleber bestrichen und unten von vorn gegen den Boden und mit der mit Silikonkleber bestrichenen Seite gegen die Seitenscheibe gepreßt.
5. Auf die Blende werden nun die Stützen (3 cm x 3 cm) aufgesetzt und bündig an die Seiten geklebt. Diese Arbeit erfordert sehr viel Ruhe und sollte mit äußerster Sorgfalt ausgeführt werden. Fällt mal eine Stütze um, ist das kein Problem, da zurückbleibende Klebstoffreste nach dem Antrocknen leicht mit einer Rasierklinge entfernt werden können. Benötigt man aufgrund der Terrarienlänge einmal mehr als zwei Stützen, um die notwendige Stabilität zu erreichen, so ist es sehr hilfreich, wenn man sich vorher die Position der einzelnen Stützen auf der unteren Scheibe markiert hat. Nun wird die erste an zwei Seiten mit Silikon bestrichene Stütze auf die Blende und gegen die Seitenscheibe geklebt. Anschließend verfährt man mit der zweiten Stütze genauso; man kann sie natürlich noch nicht gegen die Seitenscheibe pressen. Auch für diesen Arbeitsschritt ist die Hilfe einer zweiten Person von Vorteil.
6. Auf die beiden Stützen wird nun die zweite Blende (39,2 cm x 3 cm) wie die erste geklebt. Da-

für werden die Schnittkante der Blende, die der bereits vorhandenen Seitenscheibe zugewandt ist, und die Oberseiten der Stützen mit Silikon bestrichen. Anschließend wird die Blende aufgesetzt. Wem das Glaskleben in dieser Reihenfolge zu wackelig ist, der kann auch erst die zweite Seitenscheibe gegen die untere Blende, den Boden und die Rückwand kleben. Erst einen Tag später, wenn das Silikon fast ausgehärtet ist, klebt man die beiden Stützen und die zweite Blende ein.

7. Dann werden die Seiten der oberen und unteren Blende sowie die der dazwischen liegenden Stütze mit Silikonkleber bestrichen. Die zweite Seitenwand wird nun gegen den Boden, die Rückwand und die untere Front passend angedrückt. Vorsichtshalber kann man nun sein Kunstwerk mit Klebestreifen gegen Auseinanderfallen sichern.
8. Am nächsten Tag wird das Terrarium auf den Rücken gelegt, so daß das Dach schichtweise geklebt werden kann. Man beginnt mit einem Streifen von 40 cm x 10 cm, der ganz mit den Rändern abschließend angedrückt wird. Darauf klebt man an den Seiten die Streifen 20 cm x 10 cm und

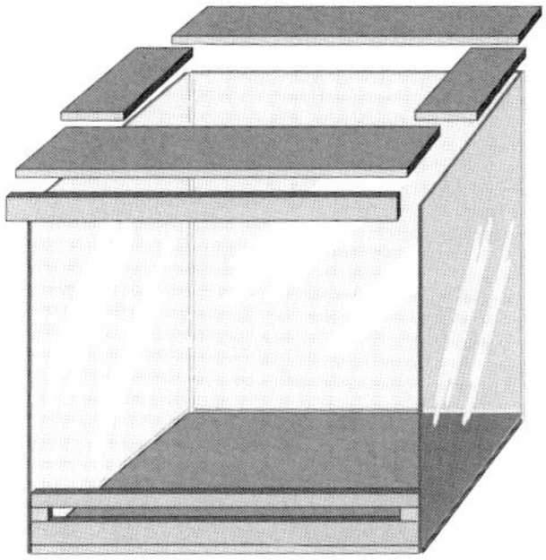

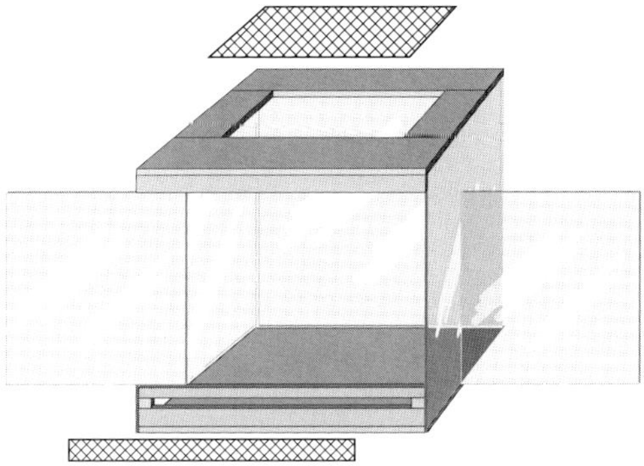

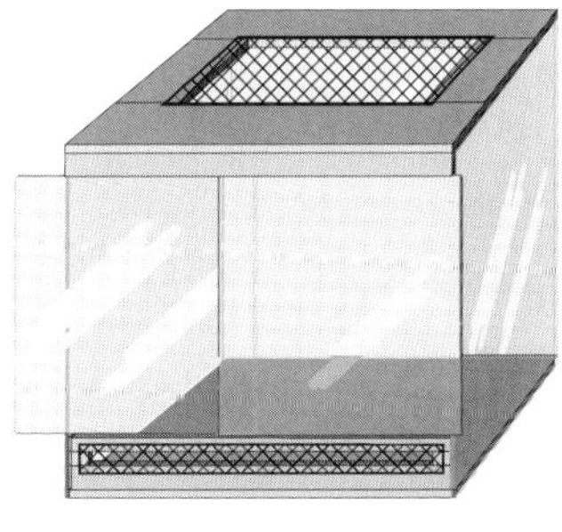

darauf den letzten Streifen 40 cm x 10 cm in gewohnter Weise.
9. Am nächsten Tag wird die letzte Blende der Frontscheibe (40 cm x 3 cm) gegen das Dach und an den Seiten bündig eingeklebt. Dafür wird das Terrarium auf den Kopf gestellt.

Etwa zwei Tage später stellt man das Becken wieder aufrecht und entfernt mit einer Rasierklinge die Zeitung, die Klebestreifen sowie alle überstehenden Silikonreste.

Nun wird die **Gaze** von außen auf die Lüftungsflächen aufgeklebt. Zuerst trägt man eine etwa 0,5 cm starke Schicht Silikonkleber entlang der Dachöffnungskanten auf. Jetzt wird die Gaze leicht und gleichmäßig in den Kleber gedrückt. Eine Plastiktüte, deren Innenseite nach außen gekehrt ist, wird über die gesamte Klebefläche gelegt und anschließend stark angepreßt. Bei der unteren Belüftungsfläche verfährt man entsprechend, nur sollte das Terrarium vorher auf den Rücken gelegt werden.

Wieder einen Tag später kann man nun die Plastiktüte ohne Probleme vom Silikonkleber abziehen, da dieser nicht an ihr haftet. Die Gaze ist jetzt an den Klebekanten vollständig in Silikon gebettet, was ihr einen guten Halt verschafft. Durch den luftdichten Abschluß mit der Plastiktüte ist der Kleber oft noch nicht vollständig ausgehärtet, so daß mit der weiteren Verarbeitung noch einen Tag gewartet werden sollte.

Inzwischen sägt man zwei **Aluminium-T-Profile** auf die Länge von 40 cm zurecht und schneidet anschließend von der längsten Kante an beiden Seiten etwa 5 mm weg, so daß die Profile sich nun problemlos auf die obere und untere Blende kleben lassen. Durch die über die Blenden hinausreichenden, aber mit den Seitenscheiben abschließenden Kanten erhält das Terrarium ein optisch recht ansprechendes Aussehen.

Anschließend wird ein **Doppel-U-Profil** aus Plastik, das der Führung der Schiebescheiben dient, jeweils als obere und untere Schiene auf eine Länge von 39,2 cm zurechtgesägt und auf die bereits im Terrarium befestigten T-Profile geklebt. Die Doppel-U-Profile werden im Handel für unterschiedliche Scheibenstärken angeboten. Damit man die Scheiben einsetzen kann, muß die obere Führungsschiene längere Schenkel als die untere Schiene haben. Das Maß der Scheiben errechnet sich aus dem Zwischenraum ab Oberkante U-Profile und der Tiefe des oberen (tieferen) Profils. Erst jetzt kann man die Frontscheiben ausmessen und zurechtschneiden.

Nun läßt man das Terrarium eine Woche stehen, damit der Silikonkleber vollständig aushärten kann und keine gesundheitsschädlichen Dämpfe mehr freisetzt. Vor der Inbetriebnahme überprüft man das Becken auf seine Dichtigkeit.

Das ist nur ein Beispiel für einen möglichen Terrarientyp, der leicht selbst zu bauen ist. Was sich in dieser Anleitung noch kompliziert anhört, ist nach dem dritten selbstgebauten Terrarium bereits eine Selbstverständlichkeit.

Es gibt aber noch weitere gebräuchliche Glasklebetechniken, wie zum Beispiel die sogenannte **Rundklebetechnik**. Bei dieser Technik wird nicht die Schnittkante einer Scheibe mit der Fläche der anderen verklebt, sondern beide Kanten werden durch einen dickeren Strang Silikonkleber verbunden. Auch hier werden die Scheiben sorgfältig geschnitten und gewissenhaft von jeglichem Schmutz und Fett befreit.

Für ein Würfelterrarium mit einer Kantenlänge von 40 cm benötigt man bei einer Glasstärke von 4 mm: eine Bodenscheibe 39 cm x 39 cm, eine Rückwand 39 cm x 39,5 cm, zwei Seitenwände 39,5 x 40 cm, eine Frontblende 39 cm x 5 cm, zwei Blenden 39 cm x 3 cm, zwei Stützen 3 cm x 3 cm; für das Dach je zwei Scheiben 40 cm x 15 cm und 10 cm x 3 cm.

Da der Kleber einige Zeit zum Aushärten benötigt, müssen die Scheiben vor dem eigentlichen Klebevorgang in der gewünschten Stellung fixiert werden. Dafür werden bei einem Terrarium die Rückwand, Bodenscheibe, Seitenscheiben und vordere Front und bei einem Aquarium alle Scheiben auf einer größeren Holzplatte aufgebaut. Ringsum aufgenagelte Holzleisten verhindern das Auseinandergleiten der Scheiben. Unter die Silikonnähte wird im Bodenbereich Plastikklebeband geklebt, damit sich der Klebstoff nicht mit dem Holz verbinden kann. Im Bereich der Oberkanten werden die Scheiben mit einer Gehrungszwinge rechtwinklig zueinander fixiert, wobei Platz für die Silikonnaht gelassen werden muß.

Die senkrechten Fugen werden von außen mit Paketklebeband verschlossen. Dann preßt man den Silikonkleber von innen luftblasenfrei in die Fugen, wobei man in einer Ecke des Bodens beginnt. Man glättet die Fugen sorgfältig mit dem in Spülmittel getauchten Finger. Nachdem das Terrarium oder Aquarium einige Tage ausgehärtet ist, wird es von Holzkonstruktion und Klebeband befreit. Das Aquarium ist nun fertig, während das Terrarium noch weiter bearbeitet werden muß.

Holz nicht nur als Rahmen

Holz ist ebenfalls ein geeignetes Baumaterial, da es sich sehr gut bearbeiten läßt. Mit einer Gehrungssäge kann man die benötigten Winkel für den Rahmenbau ohne Probleme selbst herstellen. Da es unendlich viele Möglichkeiten gibt, ein Holzterrarium zu bauen oder Holz im Terrarienbau einzusetzen, geben wir hier nur einige Anregungen.

Das verwendete Holz muß gegen Fäulnis behandelt sein. Damit man aber imprägniertes Holz verwenden kann, müssen die offenen Stellen wieder versiegelt werden, so daß keine schädlichen Dämpfe entweichen können. Zum Versiegeln eignet sich Bootslack am besten, der jedoch mehrfach aufgetragen werden muß. Ehe man Tiere in das Terrarium setzt, sollte der Lack mindestens sechs Wochen lang ausdünsten. Auch wenn man kein Holz für den Bau eines Terrariums verwenden will, sollte man das Material doch für die Verkleidung in die engere Wahl ziehen.

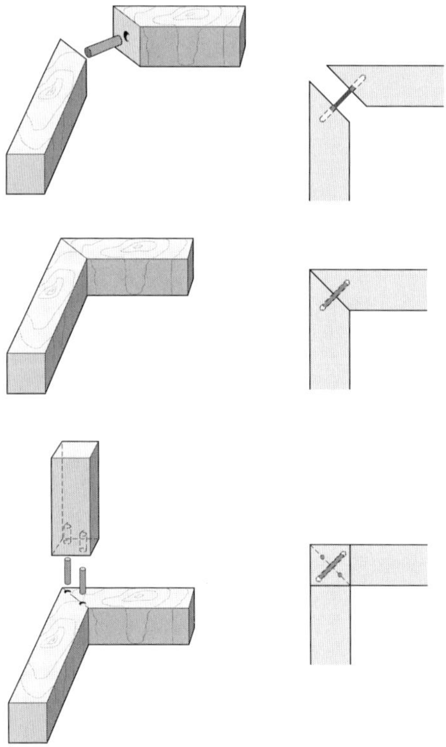

Holzrahmenteile werden auf Gehrung gesägt, mit Holzdübeln verbunden und verleimt.

Das Holzrahmenterrarium

Zum Bau eines Holzrahmens benötigt man Kanthölzer, deren Schnittflächen (Produkt der Kantenlängen) je nach Terrariengröße zwischen 5 und 100 cm^2 variieren können. Je größer der Behälter, desto stabiler muß der Rahmen sein. Für ein mittelgroßes Terrarium von 60 cm x 40 cm x 100 cm (L x T x H) benötigt man etwa 25 cm^2 starke Kanthölzer. Quadratische Vierkanthölzer dieser Schnittfläche haben ein Kantenmaß von 5 cm x 5 cm.

Es gibt viele Möglichkeiten, die einzelnen Hölzer zu einem Rahmen zu verbinden. Am gebräuchlichsten sind die **Winkel**, die man in allen Baumärkten in den verschiedensten Ausführungen bekommt. Bei ihrer Verwendung ist aber darauf zu achten, daß Kanten entstehen, wenn man sie nicht in eingefräste Vertiefungen setzt. Die Winkel können außen oder innen angebracht werden.

Eleganter ist es, den Holzrahmen mit **Holzdübeln** zu verbinden und zu verleimen. Um eine ausreichende Stabilität zu erzielen, werden die Hölzer auf Gehrung gesägt. Dafür geeignete Gehrungssägen, an denen man den Schnittwinkel genau einstellen kann, sind im Baumarkt erhältlich. In die Schnittflächen bohrt man je ein 6 oder 8 mm großes Loch, in das ein gleichstarker Holzdübel gesteckt wird. Die Kanthölzer werden sofort nach dem

Zusammenstecken miteinander verleimt und mit einer Zwinge zusammengepreßt (siehe Zeichnungen Seite 58 und rechts).

Es muß immer sehr präzise gearbeitet werden. Zum Anzeichnen der Bohrungen sollte man sich eine Schablone aus einem Stück Pappe anfertigen, das auf die Größe der Schnittfläche zugeschnitten und mit den nötigen Löchern versehen wird. Beim Arbeiten hält man die Schablone auf die zu bohrende Fläche und kann so alle Löcher immer an der gleichen Stelle anbringen. Die Tiefe der Löcher darf nur wenige Millimeter über der Hälfte der Dübellänge liegen. Am besten mißt man zuerst die Länge der Dübel und macht sich am Bohrer ein Zeichen. Viele Bohrmaschinen besitzen Anschläge, die man auf die gewünschte Bohrlochtiefe einstellen kann.

Natürlich kommt man auch ohne Gehrung und Dübel aus, indem man die Kanthölzer nur miteinander verschraubt. Der Nachteil dieser Methode ist aber, daß sie relativ instabil ist. Auf Nägel sollte man beim Bau des Rahmens ganz verzichten.

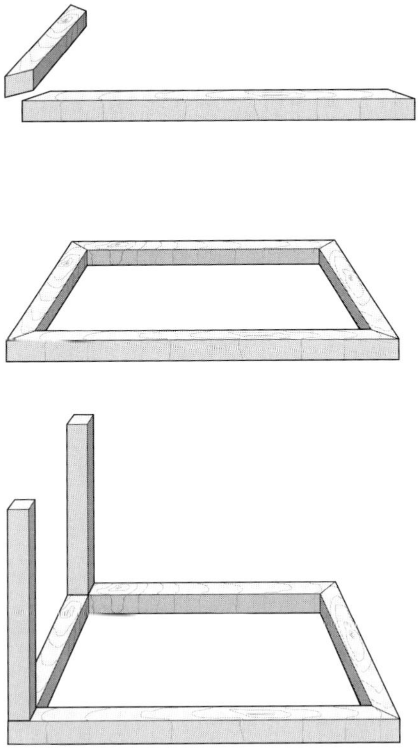

Die vertikalen Rahmenteile werden auf den Grundrahmen aufgesetzt.

Bei einem Holzrahmen hat man die Möglichkeit, die Seitenwände aus verschiedenen Materialien anzufertigen. Man kann sowohl Holzplatten (zum Beispiel beschichtete Spanplatten), Plexiglas, Drahtgaze, Glasscheiben oder auch PVC-Platten am Rahmen befestigen. Für einen Gazebehälter, wie er zur Pflege vieler Chamäleonarten erforderlich ist, bieten sich Holzrahmenterrarien besonders an. Hier kann man alle Seiten mit einer nichtrostenden Draht- oder einer stabilen Kunststoffgaze bespannen, die am einfachsten mit einem Tacker auf den Rahmen geheftet wird.

Der **Boden** kann aus einer Holz- oder Eternitplatte bestehen, die unter den

Rahmen geschraubt wird. Löcher in Eternit müssen mit einem Steinbohrer vorgebohrt werden. Die Innenkante des Bodens wird mit Silikonkleber abgedichtet.

Eine einfache **Tür** kann man aus einer Plexiglasscheibe, die das Außenmaß des Terrariums hat, herstellen und mit Klavierband anschrauben. Den Verschluß fertigt man aus einem klappbaren Überwurf und einer anschraubbaren Öse an.

Die Öffnung des Terrariums kann man aber auch mit einer **Schiebescheibe** verschließen. Neben den bereits erwähnten Doppel-U-Profilen kann eine in das Holz gefräste Scheibenführung verwendet werden. Je nachdem, ob man die Scheibe nach oben oder zur Seite herausziehen will, wählt man den oberen oder den seitlichen Teil des Holzrahmen 10 mm schmaler. In die übrigen drei Kanthölzer wird eine Nut von 5 mm x 5 mm so ausgesägt, daß sie an den schmaleren Rahmenteil anschließt.

Falls man über keine Fräse verfügt, kann man die Nut auch mit einer Kreissäge herstellen. Dazu werden zwei parallele, 5 mm tiefe Schnitte im Abstand von 5 mm ausgeführt; das dazwischenliegende Holz kann mit einem Stecheisen entfernt werden. Beim Umgang mit der Kreissäge sind unbedingt die nötigen Sicherheitsmaßnahmen zu beachten! Daher sollte man im Zweifelsfall die Arbeit lieber von einem Schreiner ausführen lassen.

Jetzt kann man entweder von oben oder von der Seite, je nachdem, wo man das schmalere Kantholz verwendet hat, eine passend geschnittene 4 mm starke Scheibe in die Nuten schieben. Bei einer von oben eingeschobenen Scheibe braucht man keine Angst zu haben, das Terrarium versehentlich unverschlossen zu lassen, wenn man sie nicht ganz herausnimmt.

Bau eines Terrariums aus Holzplatten

Zum Bau eines rahmenlosen Terrariums kann man Spanplatten unmittelbar miteinander verschrauben. Hierfür ist es vorteilhaft, die Seiten bereits beim Zuschnitt auf Gehrung sägen oder, je nach Dicke der Platten, genau die Hälfte der Plattenstärke an den Seiten 5 bis 10 mm tief ausschneiden zu lassen. Es entstehen somit an jeder Seite Winkel, die beim Aneinanderfügen der Seiten zusammenpassen und den Wänden mehr Stabilität verleihen.

Die Plattenstärke sollte bei einem Terrarium von mehr als 0,5 m^3 Inhalt mindestens 20 mm betragen.

Die Kanten werden aneinandergeleimt und zusätzlich mit Holzschrauben verbunden. Hierfür wird durch das äußere Brett ein 5 mm großes Loch gebohrt, das mit einem 8-mm-Bohrer zur Aufnahme des Schraubenkopfes eingesenkt wird. Man verschraubt die Bretter mit 6 mm starken, nicht rostenden Senkkopfschrauben, die doppelt so lang wie die Holzdicke sein müssen. Die Platten läßt man in einer Schreinerei zuschneiden.

Spanplatten sind zwar in der Anschaffung preiswert, auf Dauer aber keine gute Investition. Sie reißen an den Ecken sehr schnell aus und quellen bei Feuchtigkeit leicht auf. Im Handel werden „wasserfeste" Spanplatten (V-100-verleimt) angeboten, die aber ständiger Nässe auch nicht widerstehen. Die mit „E1" gekennzeichneten Platten gelten als für Wohnräume geeignet, da bei ihnen die Schadstoffausdünstung minimiert wurde. Wer unbedingt Spanplatten verwenden möchte, sollte sie mehrmals mit einem wasserabstoßenden, ungiftigen Mittel behandeln. Aber auch die beste Imprägnierung ist keine dauerhafte Lösung.

Besser als Spanplatten sind sogenannte Tischlerplatten für den Terrarienbau geeignet, die aus verleimten Holzstücken bestehen. Aber auch bei ihrer Verwendung muß das Terrarium gut imprägniert werden.

Terrarium aus Holzplatten mit passender Abdeckung.

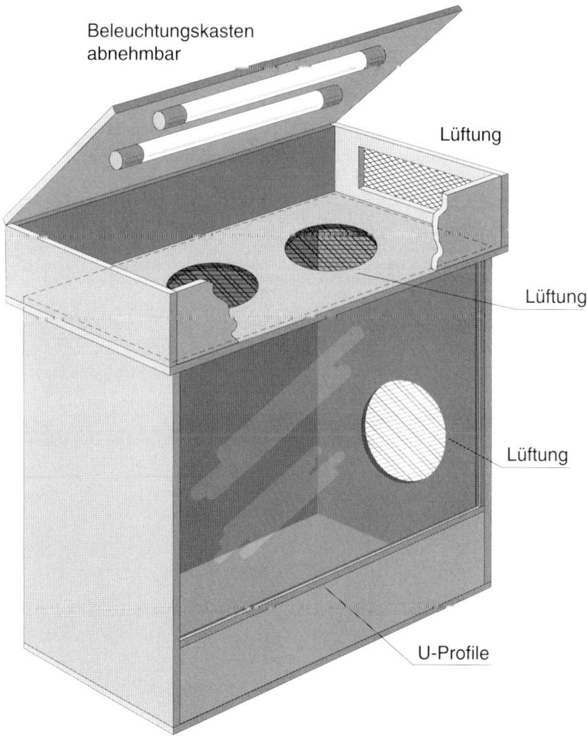

Die **Lüftungsöffnungen** an den Seiten zeichnet man mit einem Bleistift auf dem Holz an. Dann bohrt man in einer Ecke mit einem Holzbohrer ein etwa 10 mm großes Loch. Mit einer Stichsäge kann man jetzt den vorgezeichneten Ausschnitt, am Loch beginnend, aussägen. Je nach Geschmack hat man die Möglichkeit, eckige wie auch runde Ausschnitte herzustellen. Die etwas größer geschnittene Alu- oder Kunststoffgaze wird anschließend von außen angeklebt oder angeheftet.

Als Terrarienöffnung sind **Schiebescheiben** am besten geeignet. Holztüren (auch welche aus Holzrahmen) würden zwar zu einem Holzterrarium passen, haben aber den Nachteil, daß sie schlecht einsehbare Stellen besitzen und sich leicht verziehen können. Bei Holztüren muß man immer achtgeben, daß beim Verschließen keine Tiere einklemmt werden, denn gerade kleinere verstecken sich blitzschnell in dem Zwischenraum von Tür und Türrahmen. Ideal zur Führung von Schiebescheiben sind aufgeklebte Doppel-U-Profile, wie wir sie auch bei Glasterrarien verwenden. Als zusätzliche Sicherheit kann man auch U-Profile an den Seiten ankleben, so daß alle Spalten verschlossen sind.

Mit 5 mm Abstand zum oberen Rand des Terrariums schrauben wir rundherum eine 15 mm starke Vierkantleiste an seine Innenseiten. Diese Leiste bildet das Lager der **Abdeckscheibe**. Eine 4 mm starke Scheibe wird passend geschnitten und mit einer oder zwei größeren Öffnungen zur Lüftung versehen. Wie man Löcher in Glasscheiben schneidet, haben wir bereits oben erwähnt. Auch hier befestigen wir die etwas größer geschnittene Gaze mit Silikonkleber.

Der **Beleuchtungskasten** wird nach dem gleichen Prinzip wie das Terrarium gebaut. Seine Höhe muß mindestens 15 cm betragen, damit genügend Platz für die Lampen vorhanden ist. An einer Seite oder im Deckel wird ein Ausschnitt für die Lüftung gesägt. Diesen Ausschnitt versieht man mit einer Lüftungsverkleidung, die man in Baumärkten bekommen kann. In den Ekken des Lampenkastens befestigen wir die gleichen Vierkanthölzer wie am oberen Rand des Terrariums. Sie werden senkrecht angeschraubt und enden 20 mm vor dem Ende des Kastens. Jetzt stellen wir den Lampenkasten über das Terrarium, so daß er auf den Vierkantleisten steht. Da der Kasten den oberen Rand des Terrariums umschließt, müssen seine Außenmaße die des Terrariums um die doppelte Plattenstärke übertreffen.

Wenn man die in den Ecken angebrachten Leisten auch am oberen Ende des Beleuchtungskastens etwas kürzer bemißt, kann man einen passenden Deckel (wie beim Terrarium) von oben hineinlegen. Ein Deckel kann jedoch auch in der Größe des Außenmaßes

Terrarienanlage aus V2A-Stahl in der Auffangstation Metelen.

des Lampenkastens angefertigt werden. In dem Fall werden an seiner Unterseite Leisten angeschraubt, die in ihrer Position dem Innenmaß des Lampenkastens entsprechen. Jetzt kann man den Deckel von oben aufsetzen, ohne daß er verrutschen kann. Das Anbringen von Scharnieren ist eine weitere Möglichkeit. Vor der Installation der Beleuchtung bekleben wir die gesamte Innenfläche des Kastens mit einer Aluminiumfolie, die als Reflektor dient. Die Folie wird gemeinsam mit den angebrachten Lampenfassungen geerdet.

Holz als alleiniges Baumaterial eignet sich eigentlich nur für ein Trockenterrarium. Dennoch müssen der Boden und die unteren Seitenkanten mit einem dünnflüssigen Kunststoff oder Bootslack (siehe oben) versiegelt werden. Für Feuchtterrarien empfehlen wir Holz nur zur äußeren Verkleidung (Rahmenterrarien).

V2A-Stahl

V2A-Stahl wird sehr häufig als Baumaterial von Quarantänebecken benutzt. Terrarien aus diesem Material haben den Vorteil, daß sie leicht zu reinigen sind und auch bei hoher Luftfeuchtigkeit nicht rosten. In den meisten Fällen werden die einzelnen Teile aneinandergeschweißt. Es gibt aber auch Vierkantstäbe, die als Stecksystem miteinander verbunden werden können. Sowohl der Boden als auch die Seitenwände können aus dem gleichen Material bestehen. Als Lüftung kann man sowohl Lochbleche als auch V2A-Gaze verwenden. V2A muß mit speziellen Elektroden verschweißt werden, eine Arbeit, die man auf jeden Fall einem Fachmann überlassen sollte.

PVC

PVC- oder Plastikterrarien lassen sich auf vielerlei Weise verwenden. Das Material läßt sich gut bearbeiten und ist zudem sehr leicht. Genutzt werden die Behälter als Transportkästchen, Kleinterrarien oder als Quarantänebecken. Aber auch als Großterrarien sind sie zum Beispiel im Löbbecke-Museum und Aquazoo in Düsseldorf zu sehen.

Wenn man nicht auf käufliche Terrarien zurückgreifen möchte, hat man die Möglichkeit, selbst ein Terrarium aus PVC-Platten zu bauen. Diese Platten gibt es in verschiedenen Farben und Stärken in jedem gut sortierten Baumarkt zu kaufen. Dort sollte man sie sich sofort maßgerecht zuschneiden lassen. Die Scheiben können mit einer Heißluftpistole verschweißt werden. Man legt 3 bis 5 mm starke Plastikstäbe, die etwas weicher als das Baumaterial sind, in die Winkel der Platten und erhitzt sie mit der Pistole. Da die Stäbe weicher als die Platten sind, schmelzen sie eher. Die flüssige Masse verklebt so die beiden Seitenteile miteinander. Auf diese Weise kann man ein Terrarium ganz nach eigenen Wünschen zusammenschweißen.

Die Kunststoffterrarien im Löbbecke-Museum + Aquazoo sind drehbar gelagert, so daß die Frontscheibe auch vom Pflegergang aus zugänglich ist.

Mit der Pistole sollte man sehr vorsichtig umgehen, da die austretende Luft gefährlich heiß ist. Die flüssige Masse ist nach wenigen Minuten vollkommen ausgehärtet und relativ ungiftig. Das Material kann gebohrt und gesägt und zudem mit allen anderen benötigten Materialien (Holz, Metall) verschraubt werden. So ist es auch nicht schwierig, Scharniere für Türen

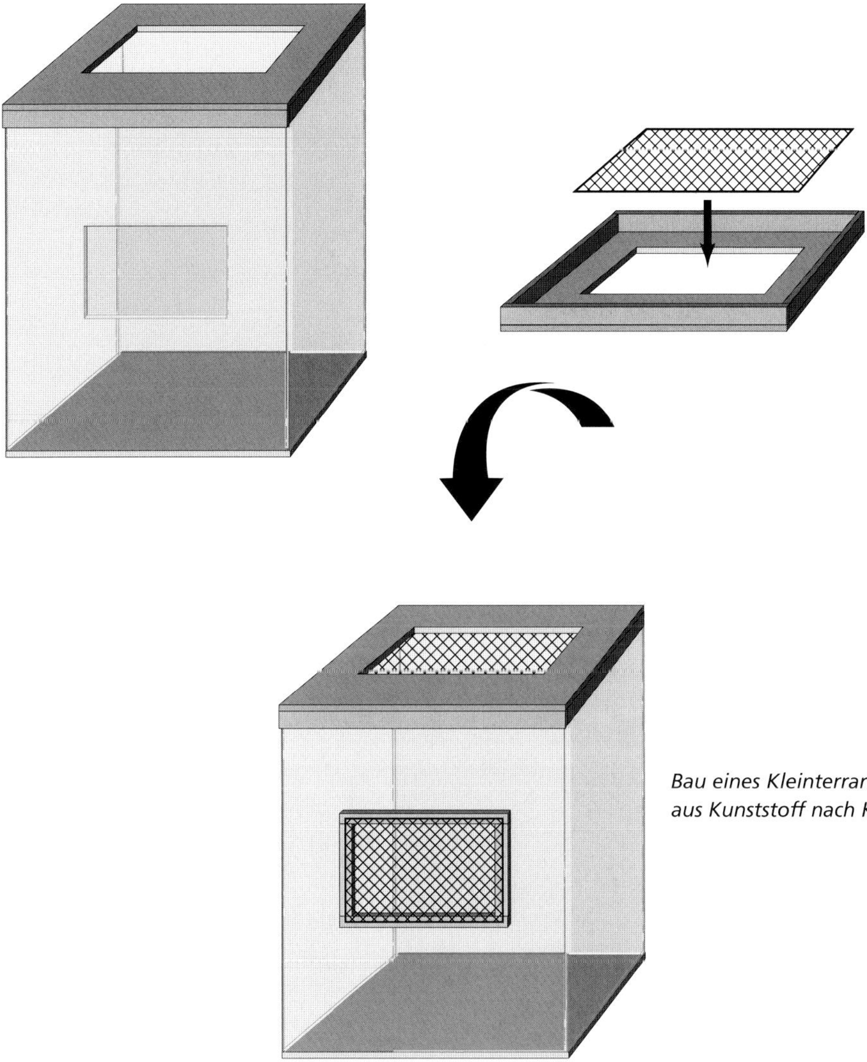

Bau eines Kleinterrariums aus Kunststoff nach Kästle.

anzubringen. Die Lüftungsgaze kann mit dem Lötkolben direkt auf das Material geschmolzen werden.

Als **Aufzuchtterrarien** sind kleine Plastikbecken oftmals unentbehrlich. Schon Kästle (1972) hat in seinem Buch „Echsen im Terrarium" den Umbau von Kaffeedosen zu Kleinstbehältern beschrieben. Diese Kleinstterrarien haben ihre Berechtigung bis heute nicht verloren (siehe Zeichnung Seite 65).

Derartige Haushaltsplastikdosen lassen sich folgendermaßen umbauen:

In den Deckel und in eine Seite wird eine viereckige Öffnung für die **Lüftungsgaze** gesägt oder gebrannt. Als Werkzeug kann man ein erhitztes Messer oder, besser, eine Lötpistole benutzen. Wer eine Miniaturbohrmaschine besitzt, kann mit einem Kreissägevorsatz die Öffnung problemlos heraussägen. Damit man einen gleichmäßigen Ausschnitt bekommt, wird das Lüftungsloch vorher mit einem Winkel und einem Filzstift sauber angezeichnet. Nach der Fertigstellung muß man den Rand mit feinem Schmirgelpapier glätten.

Die Alugaze wird so zugeschnitten, daß sie etwas größer als die Öffnung ist. Jetzt setzt man die Gaze von außen auf und drückt sie mit der heißen Lötpistolenspitze gegen das Plastik. Der heiße Draht drückt sich in das schmelzende Plastik hinein. Bei zu starkem Druck hat man allerdings leicht ein Loch hineingebrannt. Mit einem Schraubenzieher drückt man den Draht so lange herunter, bis die Stelle erkaltet ist. So verbindet man die gesamte Gazekante mit dem Plastik. Es wird der gesamte Rand der Gaze eingeschmolzen, damit man sich nicht am hochstehenden Draht verletzen kann. Diese Arbeiten sollten nach Möglichkeit im Freien oder bei offenem Fenster ausgeführt werden! Beim Schmelzen des Plastiks werden übelriechende Dämpfe frei.

Nach dieser Methode lassen sich auch größere Plastikbehälter für unsere Zwecke umbauen. Natürlich kann man auch Kunststoffgaze verwenden, die aber besser mit Silikonkleber befestigt wird. Die Klebefläche muß sauber und trocken sein. Je nach Kunststoff kann auch eine Grundierung erforderlich werden.

Eternit

Die Zeit der Eternitbecken ist eigentlich vorbei. Früher wurde dieser Baustoff häufiger für Terrarien und auch für Aquarien gebraucht, hauptsächlich wegen seiner hohen Stabilität. Heute findet Eternit nur noch für die Wände und den Boden des Rahmenterrariums Verwendung. Der Vorteil des Materials liegt in seiner Stabilität sowie in der guten Verarbeitbarkeit und Verrottungsbeständigkeit. So kann man bei Großterrarien die Wände mit Natursteinen versehen oder Baumschwarten anschrauben. Alle Bohrungen müssen mit einem Steinbohrer vorgenommen werden.

Die Platten gibt es in verschiedenen Stärken in den Baumärkten zu kaufen. Dort läßt man sie am besten sofort zuschneiden. Beim Zuschnitt mit einer Trennscheibe ist die **Staubentwicklung** sehr hoch. Auch wenn mittlerweile kein Asbest mehr in derartigen Platten verarbeitet wird, stehen die heute enthaltenen Fasern ebenfalls im Verdacht, eine schädigende Wirkung zu haben. Daher sollte man darauf verzichten, die Platten selbst zuzuschneiden.

Eternitplatten werden entweder an einen Rahmen geschraubt oder mit **Blindnieten** befestigt. Dazu benötigt man 3 bis 4 mm starke Blindnieten und eine Blindnietenzange. Mit einem Metallbohrer, dessen Durchmesser 0,2 mm größer als der der Nieten ist, werden Löcher in den verwendeten Eisen- oder Aluminiumrahmen gebohrt. Die Eternitplatten werden nun an den Rahmen gehalten und die Löcher auf ihnen angezeichnet. Zum Bohren der Platten benötigt man einen Steinbohrer, der den gleichen Durchmesser wie der verwendete Metallbohrer hat. Nun können die Platten in ihre Position gebracht und die Blindnieten durch die Löcher gesteckt werden. Mit der Zange werden die Nieten zusammengezogen und ihr überstehender Teil abgeschnitten.

Beton oder Ziegel

Gemauerte Terrarien werden nur sehr selten im privaten Bereich aufgestellt. Meistens handelt es sich um Großterrarien, wie sie häufig in Schauanlagen zu sehen sind. Der Vorteil eines derartigen Behälters liegt in seiner Stabilität und der großzügigen räumlichen Aufteilung, die hier vorgenommen werden kann. Die Gestaltungsmöglichkeiten sind nahezu unbegrenzt. Die Terrarien werden entweder aus Kalksandsteinen oder Leichtbausteinen (Gasbetonsteine) gemauert. **Gasbetonsteine** haben den Vorteil, daß sie sehr leicht sind, in verschiedenen Größen angeboten werden und mit einer Säge zugeschnitten werden können. Ihr Nachteil liegt darin, daß sie Wasser aufsaugen und dann nach einer gewissen Zeit mürbe werden. Sie müssen daher immer wasserdicht verputzt werden. Beim Mauern ist darauf zu achten, daß die Steine an den Ecken miteinander verzahnt werden. Eine Kombination mit anderen Materialien, wie Beton, Ziegel, Aluminium, Styrodur und PU-Schaum, bietet sich häufig an.

Ein gemauertes Terrarium im **Wintergarten** eines der Autoren zeigt ist auf Seite 128 abgebildet. Der Bau wurde in folgenden Schritten ausgeführt:

Zuerst wurde das Fundament für den Boden eingeschalt. Man benutzt dazu 30 cm breite und 3 cm dicke Bohlen, die auf die benötigte Länge zugesägt und an den Enden zusammengenagelt werden. Man erhält so die Form eines Sandkastens. Bei einer sehr großen Fläche werden noch Leisten der Stärke 2 cm x 5 cm von oben auf die Bohlen genagelt, um zu verhindern, daß sie durch die schwere Betonmasse auseinandergedrückt werden. Zusätzlich muß man bei hohen Konstruktionen, insbesondere bei aus Beton hergestellten Wänden, die gesamte Verschalung von außen abstützen. Die Verschalung wird etwa 15 cm tief in den Boden eingelassen oder, im Falle eines Betonbodens, mit Winkeln festgedübelt. Bei hohen Wänden benutzt man Schalungsbretter.

Den **Beton** für das Fundament mischt man aus Kies (Körnung 0–30 mm) und Zement im Verhältnis 5:1. Zur Sicherheit muß man ein wasserabdichtendes Mittel (Ceresit) hinzugegeben. Die Masse wird in einem Betonmischer, den man sich leihen kann, mit Wasser gemischt. Nachdem die erste Schicht Beton eingefüllt worden ist, werden zur Festigung Baumatten in die Masse gelegt. Nach dem Einfüllen wird der Beton mit einem Stampfer oder einem Vorschlaghammer verdichtet. Nach 48 Stunden kann man die Schalung entfernen.

Beim genannten Terrarium wurden an der dem Haus zugewandten Seite mehrere Leerrohre eingesetzt. Die Höhe des Bodens beträgt insgesamt etwa 150 mm. Nach zwei Tagen

Der Wasserfall ist aus Styrodurblöcken und PU-Schaum modelliert worden. ▷

wurde die Schalung entfernt und eine 200 mm hohe Mauer aus Leichtbausteinen mit Fertigmörtel am vorderen und linken Rande der Bodenplatte hochgemauert. Hinten und rechts befand sich bereits jeweils eine Mauer. Mit einem isolierenden Putz (Fertigmörtel auf Zementbasis) und einem wasserabdichtenden Mittel (Ceresit) mußten sowohl die Wände als auch die Mauern von innen her abgedichtet werden.

Nach 24 Stunden wurde der vorgefertigte Rahmen aus einem **Alu-Stecksystem** (siehe Zeichnung auf Seite 75) zum einen auf die Mauern aufgesetzt und zum anderen an den Wänden mit 8 mm starken Dübeln befestigt. Hierbei wurde er mit einer Wasserwaage genau ausgerichtet. Die Rückwand wurde aus mehreren 20 mm starken Styrodurplatten genau angepaßt, die jedoch vorher mit PU-Schaum eingesprüht worden waren, so daß sie eine gewisse Struktur erhielten. Nach weiteren 24 Stunden wurden die Platten mit einem Styroporkleber flächendeckend an die Wand geklebt. Je nach Geschmack kann man den Schaum mit einem ungiftigen Sprühlack in der gewünschten Farbe lackieren.

Eingefärbter Zementfertigmörtel verdeckt den Unterbau und sorgt für ein natürliches Aussehen. ▷

Der Standort im Wintergarten ermöglicht im Sommer guten Pflanzenwuchs ohne zusätzliche Beleuchtung.

Der Innenaufbau besteht aus großen und kleinen Gasbetonsteinen sowie einigen Styrodurblöcken und -platten, die anschließend mit Rheinsand verkleidet wurden. Die Hohlräume der Aufbauten mußten mit PU-Schaum verfestigt und ausgefüllt werden, damit kein unerwünschtes Versteck entstehen konnte. Aus dickeren Styrodurblöcken wurde ein Wasserfall modelliert. Das Bett für das **Wasserbecken** wurde in eine Sandschicht hineingedrückt und mit einer Teichfolie abgedichtet, die auch bis über die Ränder und unter den Wasserfall reichte. Danach wurde mit eingefärbtem Fertigmörtel auf Zementbasis, der mit einem wasserabdichtenden Mittel versehen wurde, der gesamte Wasserlauf mit Becken modelliert.

Das Wasserbecken ist nun in zwei Teile unterteilt, die durch eine etwas tiefer liegende Mauer miteinander verbunden sind. Das zweite Becken ist als Sumpfbecken mit Hydrokultur eingerichtet und üppig bepflanzt. Von hier aus wurde ein Schlauch zum außerhalb des Terrariums stehenden Filter durch das dafür vorgesehene Leerrohr verlegt. Sollte durch einen widrigen Umstand einmal im Filtersystem eine Undichtigkeit auftreten, so kann das Wasserbecken nicht leerlaufen. Der Überlauf zum Sumpfbecken ist durch die

Höhe der Mauer begrenzt. Nachdem das Sumpfbecken trockengefallen ist, würde der Filter Luft ziehen. Ein zweiter Schlauch führt vom Filter aus zum Wasserfall. Der Wasserfall und auch die angrenzende Wand sind mit Naturbruchsteinen verkleidet. Der noch freie Boden des Terrariums wurde mit Blumenerde angefüllt.

Die elektrischen Leitungen für die Beleuchtung sind durch die verbleibenden Leerrohre und in Kabelkanälen verlegt. Da das Terrarium in einem Wintergarten steht, ist die **Beleuchtung** nur im Winter und in den Übergangsmonaten eingeschaltet. Es sind zwei 100 Watt starke HQL-Strahler und zwei 65-W-Leuchtstoffröhren (Farbton „Tageslicht") angebracht worden. Die Quecksilberdampfentladungslampen dienen auch als Wärmequelle und bestrahlen die darunter liegenden Bambusröhren.

Als Besatz eines derartigen Terrariums eignen sich die unterschiedlichsten Tiere. In unserem Beispiel sind es Pfeilgiftfrösche, Taggeckos, *Anolis*, *Mantella* und *Uroplatus phantasticus*. Darüber hinaus befindet sich noch eine große Anzahl von *Heterixalus boettgeri* im Terrarium. Im Wasserbekken schwimmen Halbschnabelhechte und Wildguppys. Das ganze Jahr über sind ständig Kaulquappen von fast allen vorhandenen Froscharten im Wasser zu finden, die von den Fischen nicht behelligt werden.

Winkeleisenrahmen

Eisenrahmen finden hauptsächlich als Untergestell von Terrarien Verwendung. Eisenrahmenterrarien sind sehr schwer; auch bei bester Vorbehandlung des Materials setzen sie nach einiger Zeit Rost an. Zur Errichtung ganzer Terrarienwände können Eisenrahmenterrarien miteinander verschweißt werden. Ein Vorteil dieser Bauweise liegt in der Einfachheit (trotzdem sollte die Arbeiten nur ein Fachmann ausführen), in der enormen Stabilität und im Preis gegenüber anderem Material wie zum Beispiel Aluminium. Jedoch wirken die Becken oft klotzig; ein Rostschutzanstrich muß nach dem Schweißen unbedingt aufgetragen werden.

Kleinere Anlagen kann man auch zum **Verzinken** in entsprechende Werkstätten geben. Alle Arbeiten, die eine Beschädigung des Materials zur Folge haben (Bohren und Sägen), müssen aber vor dem Verzinken vorgenommen worden sein. Auf jeden Fall sollte man das Terrarium feuerverzinken lassen. Diese Methode ist zwar etwas teurer als normales Verzinken, dafür ist die Schutzschicht wesentlich haltbarer. Zur Sicherheit wird das Terrarium zusätzlich mit einem ungiftigen Rostschutzanstrich versehen. Größere Anlagen mussen an Ort und Stelle geschweißt werden, da sie nur schlecht zu transportieren sind.

Das Eisenrahmengestell läßt sich durch verstellbare Füße ausrichten.

Die Schweißnähte müssen nicht nur haltbar sein, sie sollen auch nicht zu stark auftragen. Häufig muß man zu hoch stehende Nähte mit einer Feile oder einem Schleifgerät anpassen. Vorsicht beim Schweißen und Schleifen: Es entstehen glühende Funken. Eine nicht brennbare Platte sollte den Funkenflug auffangen. Bei all diesen Arbeiten ist das Tragen von Schutzkleidung und vor allem einer Schutzbrille unbedingt anzuraten. Heiße Partikel brennen sich auch in Glas ein! Es sollte immer ein Eimer mit Wasser bereitstehen. Die Sicherheitsbestimmungen müssen genau eingehalten werden.

Bevor man mit den Schweißarbeiten beginnt, müssen alle Teile fertig gesägt sein. Winkeleisen werden für die Rahmen auf Gehrung gesägt und von außen geschweißt. Es wird immer von unten nach oben gearbeitet. Die Wände solcher Terrarienanlagen können sowohl aus Holz, Eternit, PVC oder auch nur aus Glas bestehen. Glas, PVC und Plexiglas können mit Silikonkleber eingefügt werden.

Auf dem nebenstehenden Bild sehen Sie eine große Terrarienanlage, bei der zuerst der untere Rahmen zusammen- und danach die Füße angeschweißt wurden. Die **Füße** können aus Winkeln und aus dickeren, mindestens 12 mm starken Muttern bestehen, die in die Winkel eingeschweißt werden. Durch die Muttern hat man die Möglichkeit, die Anlage über schraubbare Fußplatten oder passende Schrauben genau auszurichten. Nachdem das Untergestell steht, werden als Querverbindungen für die einzelnen Terrarien auf Gehrung gesägte T-Profile von innen eingeschweißt.

Auch die mittleren Stützen sind wieder T-Profile, die passend auf die waagerechten Stücke geschweißt werden. Die Ecken bilden gerade abgesägte Winkeleisen, die von innen eingeschweißt werden. Danach werden die waagerechten T-Profile für die obere

In den Eisenrahmen können Holz- oder Eternitplatten und Glasscheiben eingesetzt werden.

Abgrenzung eingebaut. Nun wird der aus Winkeleisen geschweißte Deckel rahmen entgegengesetzt zum Grundrahmen aufgesetzt und mit den Stützen verschweißt. Nachdem die 15 bis 20 cm hohen Stützen für den Beleuchtungsfreiraum angeschweißt wurden, wiederholt sich der gesamte Aufbau.

Für die Aufnahme der Schiebescheiben werden zum Schluß im unteren und oberen Bereich der einzelnen Terrarien T-Profile eingeschweißt, auf die später die Doppel-U-Schienen aufgeklebt werden. Nach diesem Prinzip kann man eine komplette Terrarienanlage bauen. Aufgrund der Stabilität gibt es fast keine Größenbeschränkung. Sollen die Wände aus Gaze gebildet werden, kann diese mit Alu-Flachprofilen befestigt werden, die durch Blindnieten mit dem Rahmen verbunden werden. Holz- oder Eternitplatten werden sorgfältig verschraubt.

Alu-Stecksysteme

Alu-Stecksysteme stellen die weitaus teuersten Materialien für den Terrarienbau dar. Allerdings hat eloxiertes Aluminium auch zahlreiche Vorteile, da es nicht verrottet und keinen Rost ansetzt. Außerdem sind die käuflichen Stecksysteme recht einfach zu montieren. Sie werden von verschiedenen Firmen in unterschiedlichen Ausfertigungen angeboten.

Die im Querschnitt quadratischen Aluminiumprofile können auf einer oder auf mehreren Seiten mit Stegen versehen sein, die zur Aufnahme der Terrarien oder ihrer Teile dienen. Die Profile können mit Verbindungsstükken auf verschiedene Weise zusammengesteckt werden. Mit einer guten Eisensäge lassen sie sich sehr leicht zuschneiden. Da die Stege der Profile an den Verbindern zusammenstoßen können, müssen hier Gehrungsschnitte ausgeführt werden. Die Vierkantprofile selbst werden jedoch gerade geschnitten. Die Schnittstellen werden anschließend mit einer feinen Flachfeile entgratet. Wenn man die Alu-Profile zum Sägen in einen Schraubstock einspannt, müssen sie zwischen feste Pappe, Kupferplatten oder Holz geklemmt werden, da sonst Druckstellen entstehen.

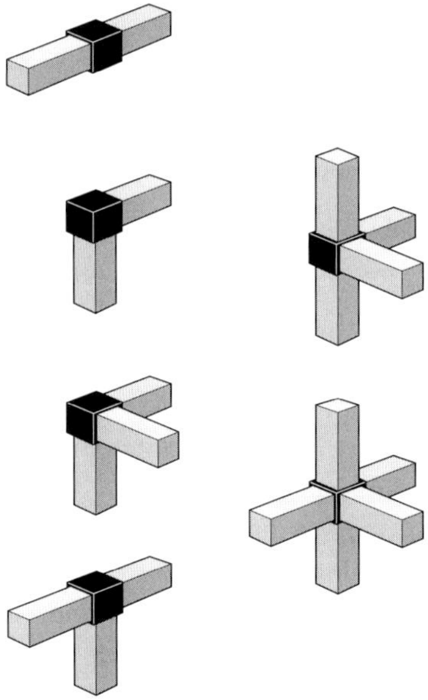

Durch unterschiedliche Verbinder können Aluminiumprofile zu jeder gewünschten Konstruktion zusammengefügt werden.

Nun werden die Stäbe mit den Verbindern zusammengesteckt. Man benötigt einen Gummihammer, um die Verbindungen fest ineinanderzufügen. Das Profilsystem eignet sich auch sehr gut für Terrarienwände. Es ist, wenn es gut verarbeitet wird, vom Aussehen her für den Wohnbereich hervorragend geeignet.

Wenn man eine genaue Vorstellung von der Anlage hat, die man bauen möchte, so fertigt man als erstes eine Zeichnung an. In diese werden die Maße eingetragen, auf die die Profile zurechtgesägt werden müssen. Wenn mehrere Terrarien übereinander gebaut werden, müssen auch die Zwischenräume für die Beleuchtung ein-

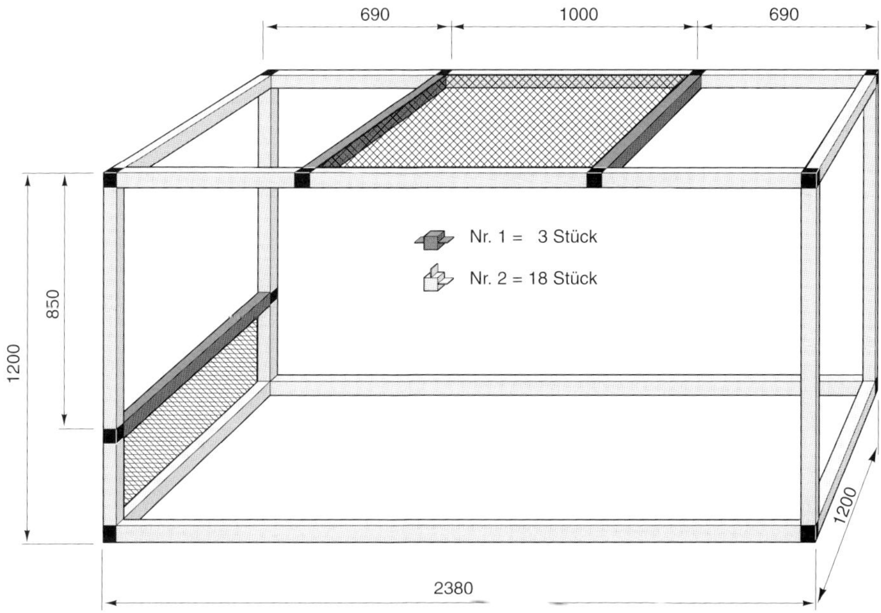

Große Terrarien lassen sich leicht aus Alu-Stecksystemen bauen.

geplant werden. Außerdem muß man sich überlegen, welche und wieviele Verbinder man benötigt (siehe Zeichnung auf Seite 74).

Im folgenden beschreiben wir den Bau einer Anlage, die drei verschieden große, miteinander verbundene Terrarien enthält (siehe Zeichnung auf Seite 76). Das Vierkantaußenmaß beträgt in unserem Beispiel 25 mm. Da verschieden geformte Profile gebraucht werden, müssen sie auch in der Zeichnung gekennzeichnet sein. Profil Nr. 1 hat zwei gegenüberliegende Stege und wird an den Stellen benutzt, an denen man einen Übergang benötigt, entweder von zwei Terrarien zueinander oder vom Terrarium zum Beleuchtungsteil.

Die Stege des mit Nr. 2 gekennzeichneten Profils bilden einen rechten Winkel. Dieses Profil wird hauptsächlich für den Aufbau eines normalen Terrariums verwendet. Bei den Stegen beider Profile muß sehr genau auf die Gehrungsschnitte geachtet werden. Profil Nr. 3 hat keine Außenschenkel; es wird zum Bau der Füße benutzt. Natürlich kann man ein Terrarium auch ganz aus den Profilen 2 und 3 bauen.

Die Profile werden in der Zeichnung numeriert. Danach notiert man die unterschiedlichen Längenmaße und Stückzahlen. Die unterschiedlichen Pro-

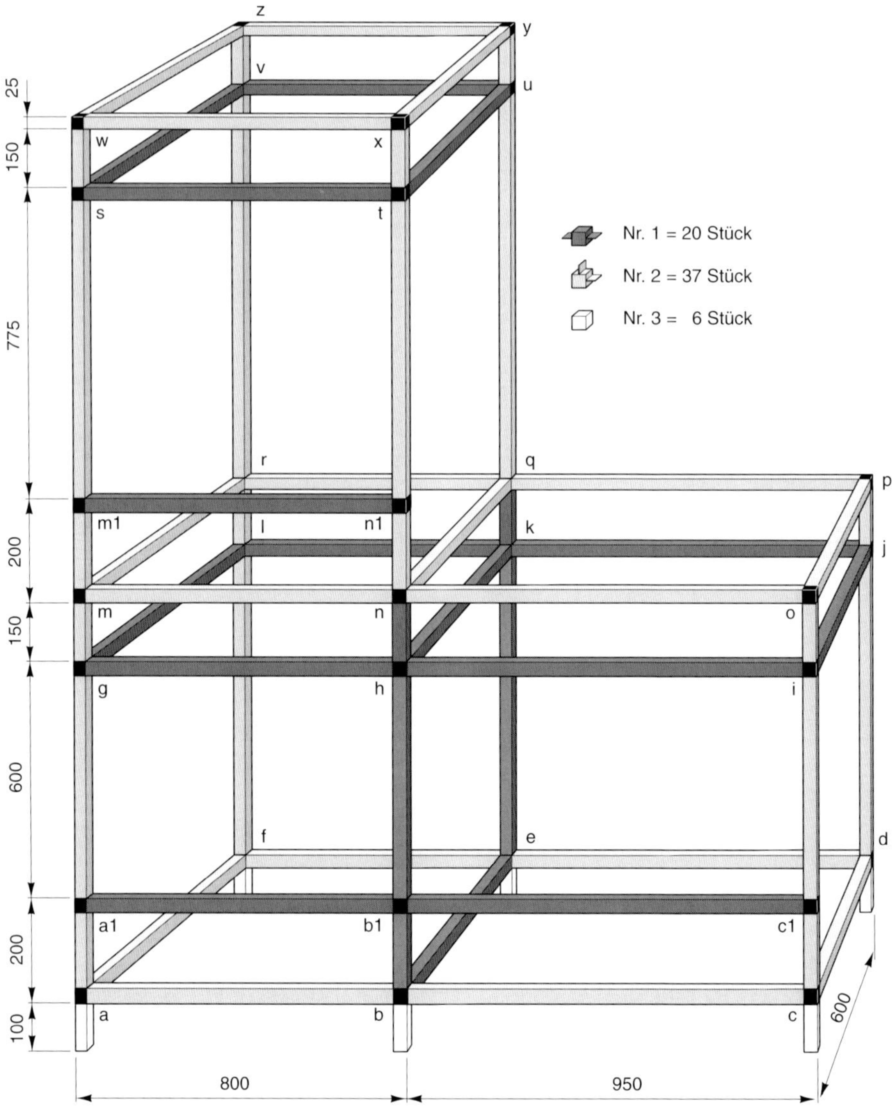

Vor dem Bau einer größeren Anlage muß man sich genau überlegen, welche Profil- und Verbindertypen man benötigt.

file stoßen an den Ecken auch auf verschiedene Weise aufeinander. Man muß also auch die Ecken kennzeichnen und die Schnitte festlegen (gerade Schnitte und Gehrungsschnitte). Die Gehrungsschnitte betreffen nur die Stege, das Vierkantrohr bleibt immer gerade.

Die Kennzeichnung erfolgt im Beispiel nach Buchstaben. So müssen an Verbindung „a" alle Stege auf Gehrung gesägt werden. An Verbindung „n" wird es schon wesentlich komplizierter. Hier müssen die Stege der Profile Nr. 2 alle auf Gehrung gesägt werden; Profil Nr. 1 wird gerade abgesägt. Am anderen Ende muß Profil Nr. 1 aber auf Gehrung gesägt werden (Verbindung „h"). Die Verbindung „k" ist noch schwieriger. Hier müssen die Enden von den Verbindungen „e", „l", „p" und „q" auf Gehrung gesägt werden; die Verbindung von „h" wird gerade abgesägt.

Es ist ausgesprochen wichtig, sich jede Verbindung auf der Zeichnung anzusehen, um die einzelnen Sägeschnitte festzulegen. Am besten schreibt man sich mit einem Bleistift an jedes Ende eines Profils die Nummer des Winkels. Zur besseren Kontrolle beginnt man an einer unteren Ecke mit dem Aufbau des Gestells und setzt zuerst die gesägten Teile zusammen. Alle weiteren Stäbe hält man vorher an und markiert die abzusägenden Ecken. So baut man das Gestell Stück für Stück zusammen.

Wenn man sauber gearbeitet und die Maße genau eingehalten hat, kann man die schon fertig geschnittenen **Wände** und **Böden** sofort einbauen. Sicherer ist es jedoch, wenn man die Wände erst nach Fertigstellung des Rahmens ausmißt und dann anfertigt. Hierbei läßt man an den Rändern jeweils eine Lücke von 3 bis 5 mm, die beim Einlegen der Wände durch eine Silikonnaht verschlossen wird. Die Seiten- und die Rückwände können sowohl aus Eternit als auch aus Glas angefertigt werden. Wählt man **Glas** als Boden, verwendet man am besten 8 bis 10 mm starkes Drahtglas. Seiten- und Bodenplatten werden auf eine starke Silikonklebernaht gepreßt, die vorher auf den Rahmen aufgetragen wurde.

Wer **Eternitplatten** verwendet hat, kann sie zur Sicherheit an den Ecken mit Blindnieten befestigen. Am nächsten Tag werden alle Zwischenräume mit Silikonkleber versiegelt. Lüftungsflächen müssen aus den Eternitplatten ausgeschnitten und mit feiner Drahtgaze bedeckt werden. Zum Ausschneiden benutzt man einen Winkelschleifer mit Steintrennscheibe. Die Arbeit muß wegen der Staubentwicklung im Freien durchgeführt werden, wobei zusätzlich eine Staubschutzmaske getragen werden sollte. Die Gaze befestigt man mit Aluminium-Flachprofilen, die an den Platten mit Blindnieten oder mit Silikonkleber befestigt wer-

Aluminium-Stecksysteme eignen sich sehr gut zum Bau von Terrarienanlagen.

den. Die Platten kann man von außen streichen oder mit Holz verkleiden.

Aber auch aus einfachen **Aluwinkeln** und Alu-T-Profilen, wie sie in jedem Baumarkt erhältlich sind, lassen sich stabile Terrarien anfertigen. Die Profile werden mit Blindnieten verbunden. Je nach Größe des Terrariums verwendet man Blindnieten von 3 bis 6 mm Durchmesser. Die Länge der Nieten hängt von der Stärke des Materials ab.

Man kann nach dieser Methode stabile Terrarien aus 20-mm-Winkeln und T-Profilen bis zu einer Größe von 50 cm x 40 cm x 50 cm (L x T x H) bauen. Die Stärke der Profile beträgt üblicherweise 2 mm. Für den Bau sägt man zuerst alle Teile auf die passende Länge zu. Hierfür zeichnet man sich wieder das Terrarium mit allen Maßen auf. Die Winkel des Grundrahmens und des Oberteilrahmens werden auf Gehrung gesägt. Die vier vertikalen Winkel setzt man später in den Grund- und Oberteilrahmen ein. Um eine Höhe von 50 cm (Außenmaß) zu erhalten, zieht man die doppelte Materialstärke der Profile von der Länge der vertikalen Winkel ab. Bei einer Materialstärke von 2 mm erhalten wir eine Länge von 496 mm.

Nun legt man den Bodenrahmen zusammen, so daß die Ecken rechtwinkelig sind. Von jeder Ecke aus mißt man 10 mm ab und bohrt mit einem Bohrer, dessen Durchmesser den der Blindniete um 0,2 mm übertrifft, ein Loch genau in der Mitte der hochstehenden Schenkel. Jetzt stellt man die vertikalen Teile nacheinander in den zusammengelegten Rahmen hinein und zeichnet die gebohrten Löcher an ihnen an. Danach werden auch in die vertikalen Winkel gleichgroße Löcher wie in die Rahmenteile gebohrt. Nun können die Teile mit Blindnieten verbunden werden. Genauso verfährt man mit dem Oberteil.

Damit die **Schiebescheiben** nicht auf den Boden reichen, benutzt man ein 20 mm starkes T-Profil, das auf eine Länge von 50 cm zugeschnitten wird. An beiden Enden wird in den Steg des T-Profiles ein 3 mm breiter Schlitz von 22 mm Länge gesägt. Bevor man den oberen Rahmen des Terrariums befestigt hat, schiebt man das T-Profil von oben über die beiden vorderen senkrechten Winkel und klemmt es mit zwei Schraubzwingen in der gewünschten Höhe an. Auch hier bohrt man an jeder Seite ein Loch durch beide Profile und verbindet die Teile mit Blindnieten. Wenn die Scheiben nicht bis unter das Oberteil reichen sollen, kann man auch im oberen Drittel ein T-Profil anbringen. Zwischen T-Profil und Winkelrahmen kleben wir mit Silikonkleber eine passend geschnittene Scheibe ein. Die Wände können aus beliebigem Material (Eternit, PVC, Glas, Holz oder auch Alugaze) erstellt werden.

Drahtgaze wird mit einem Flachprofil von 20 mm x 1 mm befestigt. Hierfür wird das Flachprofil auf die Länge der äußeren Terrarienmaße geschnitten und auf Gehrung gesägt. Die Gaze wird nur auf ein Maß passend geschnitten, entweder die Breite oder die Länge. Die Flachprofile werden auf die Winkel des Terrarienrahmens gelegt und mit Schraubzwingen fixiert. Alle 50 bis 80 mm wird ein Loch durch Flachprofil und Rahmen gebohrt. Wenn alle Löcher gebohrt sind, löst man die Profile und klemmt unter einem Profil die passend geschnittene Gaze mit den Schraubzwingen an. Profil und Rahmen werden nun mit Blindnieten verbunden, die in die Löcher und durch die Gaze gedrückt werden. Nun zieht man die Gaze stramm und befestigt sie rundherum mit den Flachprofilen. Der am Ende überstehende Rest wird abgeschnitten.

Wenn man feste Wände benutzt, muß man vorher die Lüftungsflächen aussägen. Auch hier kann man die Lüftungsgaze nach demselben Prinzip anbringen. Die Wände werden von innen in die Winkel des Terrarienrahmens eingelegt. Hier können sie entweder angeschraubt, angeklebt oder mit Blindnieten fixiert werden. Für die Schiebescheiben benutzt man Doppel-U-Profile, deren Einbau wir bereits oben beschrieben haben.

Umgebaute Aquarien

Häufig ist man im Besitz eines alten Aquariums, das man gerne in ein Terrarium umbauen möchte. Das ist unter Berücksichtigung der Ansprüche der Tiere, die darin gepflegt werden sollen, leicht möglich. Bei der Haltung von im Wasser lebenden Tieren bietet sich ein Aquarium als künstlicher Lebensraum geradezu an.

Will man jedoch nur einen Teil mit Wasser füllen und zusätzlich einen Landteil einrichten, so kann man dafür nur ein wasserbeständiges Material verwenden. Hier hat sich **Dachdeckerkork** bewährt. Die Platten werden vorher angepaßt und mit einer Fräse bearbeitet, so daß sie die gewünschte Oberflächenstruktur erhalten. Mit einem Silikonkleber klebt man dann die einzelnen Platten übereinander und auf dem Boden fest. So läßt sich leicht eine Insellandschaft oder ein Sumpfgebiet gestalten. Das kann nur im trockenen Zustand geschehen, da Silikonkleber auf nassem Kork nicht gut haftet. Wenn man die Platten nicht verkleben möchte, kann man sie auch mehrere Tage lang unter Wasser drücken, bis sie sich vollgesogen haben und nicht mehr schwimmen. Anschließend werden sie im Aquarium terrassenförmig verlegt. Alle Platten werden seitlich etwas abgeschrägt, so daß die Tiere ohne Probleme aus dem Wasser steigen können.

Natürlich kann man auch einen Aufbau aus Steinen herstellen. Aber auch **Styropor** oder Styrodur eignen sich besonders für die Gestaltung eines Feuchtbeckens. Da es dieses Material auch in größeren Blöcken gibt, ist hier sogar der Aufbau aus einem Stück möglich. Der Landteil wird mit eingefärbtem Moltofill (für den Außenbereich) bearbeitet. Die Aquarienwände werden mit dem gleichen Material oder mit Torfplatten verkleidet. Aber auch Aquarienrückwände aus Kunststoff eignen sich hervorragend.

Bei größeren Tieren oder Wasserschildkröten muß man einen sehr stabilen Aufbau wählen. Man kann einfach einen Teil des Aquariums mit einer schräg eingesetzten (immer vom Land zum Wasser abfallenden), mit Silikonkleber befestigten Glasscheibe abtrennen und den Landteil mit einem leicht feucht zu haltenden Sand Torf-Gemisch auffüllen. Hierbei ist zu beachten, daß manche Tiere sehr stark wühlen können. Schildkrötenweibchen benötigen zur Eiablage einen nicht zu feuchten Untergrund, in den sie ihre Gelege einige Zentimeter tief eingraben können.

Wenn man eine Seitenscheibe durch Drahtgaze ersetzt und eine Abdeckung für das gesamte Becken anfertigt, kann man das ehemalige Aquarium auch als **Wüstenterrarium** einrichten. Natürlich gibt es auch alle anderen Kombinationen. Für die meisten Aquarien gibt es im Zoofachhandel passende Abdeckungen mit **Beleuchtung**, die sich selbstverständlich auch für ein Terrarium benutzen lassen. Große und offene Aquarien werden mit hängenden HQL- oder HQI-Strahlern beleuchtet, die sowohl über dem Landteil als auch über dem Wasserteil angebracht werden, damit die Tiere die Wärmestrahlen nutzen können (siehe Zeichnung auf Seite 33). Heizungen müssen im Wasserteil so angebracht sein, daß sie von größeren Tieren nicht beschädigt werden können.

Das Tischterrarium

Da in der Literatur immer wieder Tischterrarien vorgestellt werden, wollen wir eine kurze Bauanleitung dazu liefern. Wir sind aber der Meinung, daß die Benutzung des Terrariums als Gebrauchsgegenstand sehr störend für die darin gepflegten Tiere ist, da Bewegungen von oben als Gefahr gedeutet werden. Es ist also äußerste Zurückhaltung geboten; ausreichende Versteckmöglichkeiten müssen vorhanden sein.

Auch beim Bau eines Tischterrariums hat sich das **Alu-Stecksystem** mit einem 20-mm-Vierkantaußenmaß bestens bewährt. In unserem Beispiel soll der Tisch die Größe von 120 cm x 60 cm x 79 cm aufweisen, das Terrarium selbst jedoch nur 120 cm x 60 cm x 25 cm (L x T x H) messen.

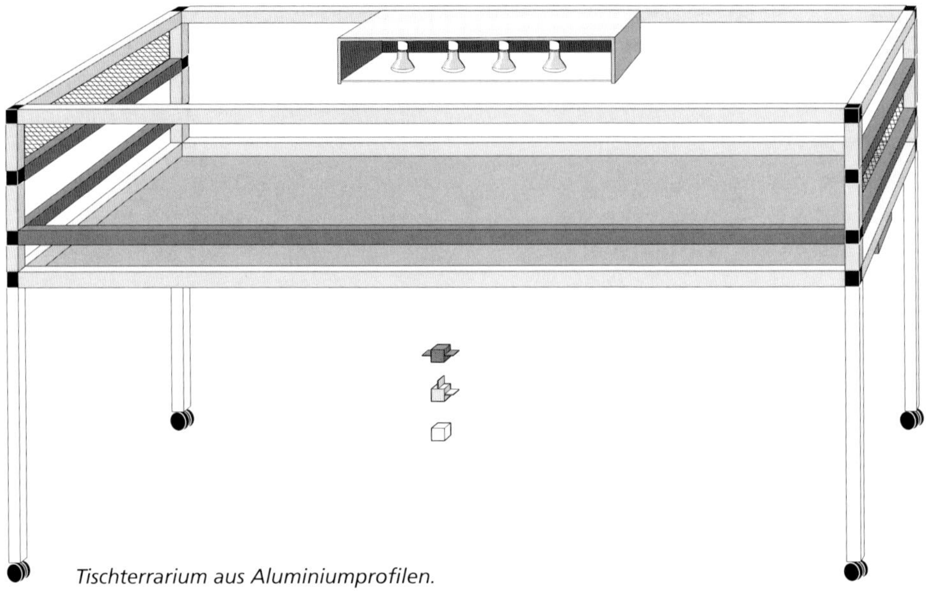

Tischterrarium aus Aluminiumprofilen.

Zuerst fertigt man sich wieder eine Zeichnung an, in der die einzelnen Längen notiert werden. Für dieses Terrarium (siehe oben) benötigen wir von Profil Nr. 1 insgesamt 340 cm, von Profil Nr. 2 772 cm und von Profil Nr. 3 200 cm. Die Maße der einzelnen Teile sind folgende:

Nr. 1: 1 x 116 cm; 4 x 56 cm
Nr. 2: 4 x 116 cm; 4 x 56 cm; 4 x 5 cm 8 x 8 cm
Nr. 3: 4 x 50 cm

Die drei Seiten und der Boden bestehen aus 6 mm starkem Eternit. Es werden benötigt: eine Platte 115 cm x 55 cm; eine Platte 115 cm x 4,5 cm; zwei Platten 55 cm x 4,5 cm. Für die Lüftung werden zwei Stücke 56 cm x 8 cm aus Alu-Lochblech oder Alugaze zurechtgeschnitten. Die Glasplatte auf dem Tisch hat eine Größe von 115 cm x 55 cm und sollte mindestens 6 mm stark sein. Für die übrigen Glasscheiben ist eine Stärke von 4 mm ausreichend; sie haben folgende Maße: eine Scheibe 115 cm x 24,5 cm; zwei Scheiben 55 cm x 7,5 cm. Die 2 mm starken Schiebescheiben liegen in Doppel-U-Profilen und haben die Maße 65 cm x 17 cm. Es werden zwei verschiedene Doppel-U-Profile benötigt, eins oben (116 cm x 1 cm) und eins unten 116 cm x 0,5 cm.

Alle Platten, U-Profile und die Drahtgaze werden von innen mit Silikonkleber befestigt. Nur die Tischplatte wird lose aufgelegt. Der **Lampenkasten** sollte aus 2 mm starkem Aluminiumblech mit der Abmessung 90 cm x 30 cm gebaut werden. Das Blech wird dafür in den Ecken etwa 70 mm tief eingesägt, die Seiten werden rechtwinkelig gekantet. Die überstehenden Enden werden mit 4 mm starken Blindnieten miteinander verbunden. Für die Befestigung der Lampenfassungen werden ins Dach 5,5 mm große Senklöcher gebohrt. Für den Schraubenkopf wird mit einem 8-mm-Bohrer der äußere Lochkranz etwas angesenkt. Mit 5 mm starken, nichtrostenden Senkkopfschrauben werden vier 12-V-Halogenstrahler befestigt. Der Lampenkasten wird mit sechs 6 mm starken, nichtrostenden Senkkopfschrauben von außen angeschraubt. Hierfür werden die Löcher durch das Profil gebohrt. Die Schrauben müssen aber ganz versenkt sein, damit von außen keine Kante entsteht. Auch hier wird mit einem größeren Bohrer der Rand des Loches vergrößert.

Der **Transformator** für die Lampen wird unter den Boden des Terrariums geschraubt. Daneben wird eine Dreier-Aufputz-Steckdose befestigt, mit einem Spiralkabel und einem Stecker als Zuleitung. Die Zuleitung des Transformators wird mit einem Kabel und einem Stecker versehen. In die Dreier-Steckdose kommt eine Schaltuhr, von der die Zuleitung zum Trafo abgeht. Wenn man den Trafo unterhalb der Lampen anbringt, ist der Boden an dieser Stelle erwärmt, solange das Licht brennt. Die Löcher für die Bohrungen müssen mit Silikon abgedichtet werden. Die freien Steckdosen kann man für die Heizung benutzen.

Es müssen immer die VDE-Richtlinien beachtet werden. Aus Sicherheitsgründen ist es ratsam, das Tischterrarium nur als Trocken- oder Wüstenbehälter zu benutzen. Wer den Tisch beweglicher haben möchte, kann an den Füßen passende Rollen anbringen.

Das Zimmerterrarium

Mit dem Begriff „Zimmerterrarium" ist nicht ein Terrarium im Zimmer gemeint; der ganze Raum wird als Terrarium hergerichtet! Es sind in erster Linie größere Reptilienarten, die so untergebracht werden müssen. Einige Grundvoraussetzungen sollten bei der Einrichtung erfüllt werden.

Hinter der Tür wird ein kleiner Vorraum geschaffen, dessen Höhe von der gepflegten Tierart abhängt. Bei bodenbewohnenden Arten reicht eine für Menschen leicht zu übersteigende Abtrennung aus. Bei kletternden oder auch sehr großen Arten wird ein bis unter die Decke reichender Raumteiler notwendig. In Baumärkten bekommt man geeignete Profile, die an Boden und Decke angedübelt werden. Die Trennwände kann man aus stabilem Draht, Plexiglas oder auch Glas errichten. Eine Tür wird aus dem gleichen Material gefertigt. Es gibt auch Glastüren komplett mit Zargen zu kaufen. Der Einbau einer durchsichtigen Duschabtrennung als Trennwand ist ebenfalls sehr gut möglich. Der Vorraum dient dann nicht nur der Sicherheit, sondern auch der Beobachtung.

Die **Wände** müssen auf jeden Fall speziell behandelt werden. Hier hat man die Möglichkeit, einen wasserdichten Putz oder einen wasserundurchlässigen Anstrich anzubringen. Es hängt sehr viel davon ab, was für einen Raum man herrichten will. Ein Kellerraum muß meistens von innen her noch einmal isoliert werden, so daß eine doppelte Wand entsteht, um ein Niederschlagen der **Feuchtigkeit** an der kalten Außenmauer zu vermeiden. Zusätzlich muß für eine ausreichende Lüftung gesorgt werden! Der Boden sollte immer gefliest und mit einem Abfluß versehen sein, um ein leichtes Reinigen zu ermöglichen.

Da in den seltensten Fällen Sonnenlicht in den Raum scheinen kann, muß mit künstlichem **Licht** gearbeitet werden. Leuchtstoffröhren reichen oftmals nicht aus. Der Einsatz von Metalldampf-Entladungslampen, am besten HQI-Strahlern, ist daher unumgänglich. Auch das Beheizen kann Probleme bereiten. Sehr bewährt hat sich eine Fußbodenheizung, die zusätzlich in den Wänden verlegt wird, um zu hohe Temperaturen an einer Stelle zu vermeiden. Trockene Räume sind wesentlich leichter zu unterhalten als Feuchträume.

Bradypodion damaranum ist eine der attraktivsten Chamäleonarten. ▷

Auf jeden Fall muß die Luft im Raum zirkulieren können. Über **Rohrlüfter** wird sie angesaugt und ins Freie geblasen. Damit im Winter keine kalte Luft zurückströmt, wird eine Fallklappe vor dem Lüfter angebracht. Natürlich muß auch die Möglichkeit vorhanden sein, aus einem anderen Raum Frischluft zuzuführen. Hat man ein Südfenster im Zimmer, so sollte man im Sommer das Fenster durch einen Gazerahmen ersetzen. Bei größeren Tieren muß natürlich eine stabilere Ausführung installiert werden.

Kleine Tiere kann man auch in einem Terrarienzimmer umherlaufen lassen. Hier bieten sich besonders die Hausgeckos an. Aber auch andere Tiere werden von einigen Terrarianern in einem Terrarienzimmer mit Erfolg gepflegt. Bei einem der Autoren lebt ein Pärchen Geckos (*Aristelliger lar*) schon seit vielen Jahren hinter der Terrarienanlage. Bei anderen Terrarianern leben auch Leguane, zahlreiche Chamäleonarten, ja sogar Laubfrösche wie *Litoria caerulea* frei im Terrarienzimmer.

Es muß natürlich immer dafür gesorgt werden, daß die Tiere ausreichend Futter bekommen. Ausgelegte Bananen werden von einigen Tieren

gefressen und locken für andere auch entlaufene Grillen, Heimchen, Fliegen und Schaben an. Aber selbst Motten entgehen den flinken Geckos nicht. Das Aufstellen von größeren Behältern mit Futtertieren wird von den Tieren sehr schnell erkannt und genutzt. Wichtig ist ein **Trinkgefäß** mit stets frischem Wasser. Meistens haben die Tiere sehr schnell feste Reviere gebildet und lernen auch sehr schnell, wann und wo es Futter gibt.

Die Einrichtung

Die Wahl der Einrichtung hängt entscheidend davon ab, welche Tiere man pflegen möchte. Wir wollen hier die unterschiedlichen Einrichtungsgegenstände vorstellen und erläutern.

Rück- und Seitenwände

Die Terrarieneinrichtung beginnt mit dem Verkleiden der Seitenscheiben und der Rückwand. Abhängig von dem nachgestalteten Biotop hat man dabei verschiedene Möglichkeiten.

Bei allen Terrarientypen hat sich das Verkleiden der Wände mit dünnen **Korkplatten** bewährt, da sie gegen Feuchtigkeit weitgehend resistent sind und den Tieren Raum zum Klettern bieten. Korkplatten gibt es in verschiedenen Stärken und Qualitäten sowie in zwei Farben. Am gebräuchlichsten ist der helle Kork, wie er zum Tapezieren von Wänden benutzt wird. Er ist überall im Tapetenhandel oder in Baumärkten zu bekommen. Die meistens 30 cm x 60 cm großen, 2 mm starken Platten werden auf das gewünschte Maß zurechtgeschnitten und mit Silikonkleber befestigt.

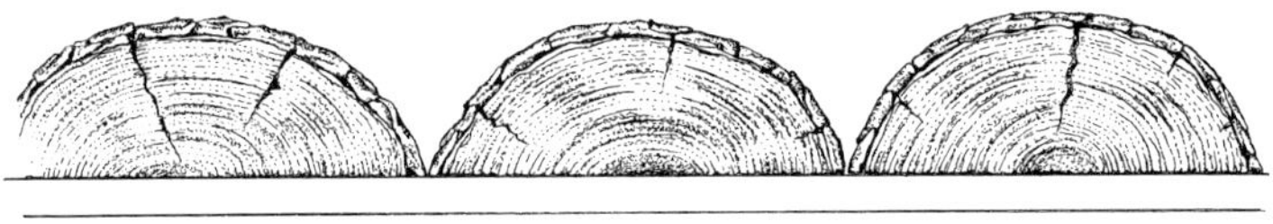

Rindenschwarten eignen sich gut für die Gestaltung von Terrarienwänden.

Wesentlich vielseitiger verwendbar ist der dunkle, in Stärken von 10 bis 60 mm angebotene **Dachdeckerkork**, der in allen Dachdeckerbedarfshandlungen erhältlich ist. Er wird in zwei verschiedenen Qualitäten angeboten: heiß gepreßt und geklebt. Für Terrarien ist nur die erste Sorte geeignet, da der geklebte Kork ständig Lösungsmittel freisetzt. Im Gegensatz zu dem dünnen hellen Kork kann man die Oberfläche des Dachdeckerkorks mit einer Fräse oder ähnlichem so bearbeiten, daß er den Tieren gute Klettermöglichkeiten bietet. Der Kork kann bepflanzt werden und sieht fast natürlich aus. Da er bei der Bearbeitung stark staubt, ist es besser, die Oberfläche bereits vor dem Einbau ins Terrarium im Freien zu gestalten.

Der dicke Kork läßt sich sägen oder brechen, und da er zudem sehr leicht ist, eignet er sich auch zum Gestalten von Aufbauten und als Grundlage von Felsimitationen. In Streifen geschnitten, mit einer gesägten und einer gebrochenen Seite, läßt er sich gut mit der glatten Seite horizontal an die Wände kleben. So gestaltete Aussichtsplattformen sind von den Tieren begehrte Aufenthaltsplätze. Ebenso kann man auch Felsspalten leicht und gut kontrollierbar nachgestalten oder einfach nur die angebotene Lauffläche vergrößern.

Als **Felsspaltenimitation** klebt man die Korkstreifen wie einen Fächer, nach unten enger zusammenlaufend, an eine Seite der Rückwand. Diese Spalten werden trotz ihrer guten Kontrollierbarkeit von Tieren gerne angenommen. An ihrem Verhalten erkennt man, daß sie sich in ihnen völlig sicher fühlen. Zur Bepflanzung bohrt man ein Loch in den Kork und steckt die Pflanze mit etwas Erde fest hinein. Wenn man das Gießen nicht vergißt, wurzeln die Pflanzen recht schnell. *Ficus pumila* kann die dunkelbraune

Bei der Verkleidung der Wände mit Kork muß man darauf achten, daß keine für den Pfleger nicht zu erreichenden Hohlräume entstehen.

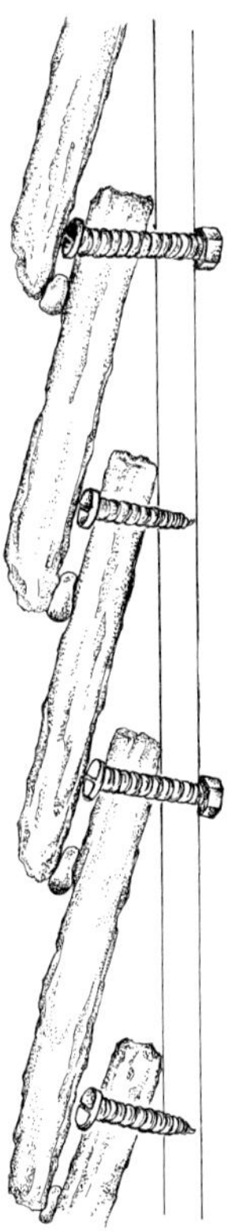

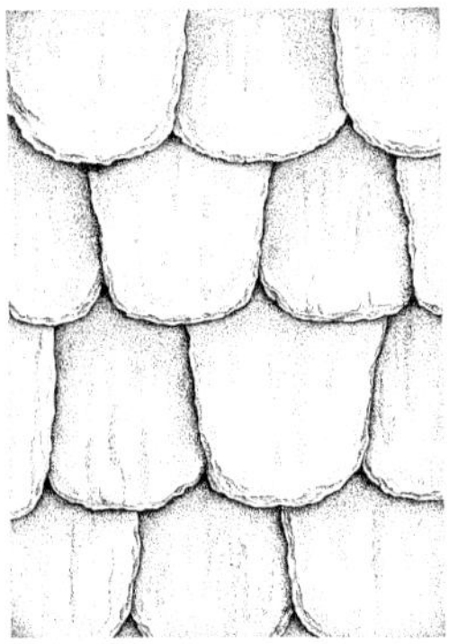

Schieferplatten werden an der Terrarienwand mit Schrauben befestigt.

Rückseite auf diese Weise in kürzester Zeit in eine grüne Pflanzenwand verwandeln. Ebenso kann man Epiphyten anheften oder sogar ankleben, denn der Kork hält das Wasser nicht lange, so daß sich keine Staunässe bildet. Die Wurzeln vieler Arten sollten in *Sphagnum* gesetzt werden.

Am schönsten, aber auch am teuersten, ist der Einbau von flachgepreßter, naturbelassener **Korkeichenrinde**. Sie ist in Platten bis zu einer Größe von 100 cm x 50 cm im Zoofachhandel erhältlich.

Das Bekleben von Wänden mit **Mexifarnplatten** und das Verwenden von Mexifarnstangen für Epiphytengewächse ist nicht empfehlenswert, da die Farnbäume unter Naturschutz stehen und in der Natur durch Rodung, aber auch durch die Gewinnung von Mexifarn als Material für Blumentöpfe gefährdet sind. Da der Farn im WA II aufgeführt und damit geschützt ist, benötigt man für jedes Stück Mexifarn eine CITES-Bescheinigung!

Rindenschwarten und Schieferplatten lassen sich nur in Verbindung mit Holz- oder Eternitwänden verwenden, da die Bretter oder Platten fest angeschraubt werden müssen. Rindenschwarten sind die äußeren „Bretter" eines Baumes, an denen sich, wie der Name sagt, noch die Rinde befindet (siehe Zeichnung Seite 86). Wer dieses Material verwendet, darf aber nicht vergessen, daß so eine Wand in einem Feuchtterrarium nicht ewig hält.
Man sollte auf jeden Fall kein weiches Holz verwenden, da es sehr schnell fault.

Man kann auch bereits vorgefertigte Wände in das Terrarium einbringen. Dazu befestigt man auf einer Holzplatte, die genau die Innenmaße der Seiten- oder der Rückwand aufweist, die verschiedenen Einrichtungsgegenstände. So kann man von hinten die unterschiedlichsten Objekte (Äste, Korkrinde, Schwarten, Schieferplatten) anschrauben. **Schieferplatten** müssen vorher durchbohrt werden. Für eine 5-mm-Schraube bohrt man ein Loch von 5,5 mm mit einem Steinbohrer ins obere Drittel der Platte. Jetzt hat man die Möglichkeit, ein durchgehendes Loch durch die Holz- oder Eternitwand zu bohren. Die Platten können dann mit nichtrostenden Eisenschrauben befestigt werden. An einer Holzwand kann man die Platten auch mit nichtrostenden Holzschrauben befestigen (siehe Zeichnung auf der gegenüberliegenden Seite).

Beim Aufbau einer Wandverkleidung wird immer von unten angefangen. Wenn eine Reihe angeschraubt ist, muß eine Silikonklebernaht im Überlappungsbereich aufgelegt werden. Damit werden die Zwischenräume verschlossen, um ein unerwünschtes Eindringen von Tieren zu verhindern. Äste, Korkrinde und auch Schwarten werden von hinten mit nichtrostenden Holzschrauben befestigt.

Eine Alternative stellt eine vorgefertigte Wand aus **Styropor** oder Styrodur dar. Dieses Material kann mit einem Lötkolben oder Bunsenbrenner leicht bearbeitet und anschließend überlakkiert werden. Darüber hinaus kann man mit **PU-Schaum** noch gröbere Strukturen auf die Platten auftragen. Wenn der Schaum noch nicht ausgehärtet ist, lassen sich verschiedene Gegenstände, mit denen man die Wand gestalten möchte, in die klebrige Masse drücken. Hiermit sollte man etwa zehn Minuten warten, bis der Schaum eine leichte Haut gebildet und sein Volumen vergrößert hat. Nun kann man Äste, Rinde, dünne Steinplatten und auch Pflanzenschalen einarbeiten. Um dem Ganzen ein möglichst natürliches Aussehen zu geben, muß man noch etwas nacharbeiten.

Beim Bau einer **Felsenlandschaft** werden die Zwischenräume der Steinplatten mit eingefärbtem Moltofill verputzt. Arbeitet man mit Holz, so kann man die Spalten mit Torffasern verkleiden. Das Material haftet jedoch nur so lange, wie der Schaum auf der Oberfläche noch keine feste Haut gebildet hat. Auch hier hat man hinterher noch die Möglichkeit, helle Zwischenräume mit einem holzfarbenen Lack abzudunkeln. PU-Schaum haftet aber auch auf Glas und Holz. Dabei kann es jedoch vorkommen, daß der Schaum sich von den glatten Flächen später wieder löst. Ein sorgfältiges Säubern des Untergrundes ist Voraussetzung für gute Haftung.

Auf diese Weise vorgefertigte Platten, die ins Terrarium eingebracht werden, müssen plan an den Wänden anliegen, damit kein Tier dahinter verschwinden kann, vor allem keine Futtertiere. Die Wände sollten entweder

Eine mit PU-Schaum gestaltete Rückwand kann noch mit Fertigmörtel verputzt werden.

an einigen Punkten angeklebt oder zu den Seiten hin verkeilt werden.

Bei der Wandbearbeitung mit PU-Schaum legt man das Terrarium auf den Rücken oder auf die Seite, immer so, daß die zu bearbeitende Fläche unten liegt, und trägt den Schaum auf die Rückwand auf. Er vergrößert beim Aushärten sein Volumen um bis zu 30%. Man hat die Möglichkeit, Terrassen zu bilden, je nachdem, wieviel Schaum man aufträgt. Nach einer Aushärtungszeit von 24 Stunden kann man den gesamten Aufbau mit dünn angerührtem Fertigmörtel (auf Zementbasis mit einem wasserabdichtenden Zusatz) verputzen. Ob man eine rauhe oder glatte Oberflächenstruktur wählt, richtet sich nach den Tieren, die man später pflegen möchte. Entweder man färbt den Mörtel ein oder besprüht ihn hinterher mit einem ungiftigen Lack, so daß das Ganze ein natürliches Aussehen bekommt.

Bei all diesen Arbeiten sollte man unbedingt **Arbeitshandschuhe** anziehen, je nach Tätigkeit Leder- oder Gummihandschuhe. Beim Arbeiten mit PU-Schaum ist immer äußerste Vorsicht geboten. Einmal an der Kleidung festgeklebt, bekommt man ihn nicht mehr los. Der noch nicht ausgehärtete Schaum ist giftig; Hautkontakt ist unbedingt zu vermeiden!

Bodengrund

Nach der Verkleidung der Wände wird der Bodengrund in das Terrarium eingebracht. Will man Felsaufbauten gestalten, muß deren Aufbau aus Sicherheitsgründen jedoch bereits vorher auf der Bodenplatte erfolgen.

Bodengrund im Feuchtterrarium

Als erstes wollen wir das Anlegen des Bodengrundes eines Feucht- oder Regenwaldterrariums beschreiben. Die unterste Schicht bildet bei einem bepflanzten Terrarium immer eine **Drainage**, die die Aufgabe hat, das überflüssige Wasser aufzufangen. Bei Glasterrarien kann man an ihr auch leicht erkennen, ob die Pflanzen wieder gegossen werden müssen. Die Drainageschicht sollte aus leichtem Material wie Styroporbrocken oder Blähtonkugeln bestehen und etwa 2 bis 3 cm hoch sein. Damit sich diese Schicht nicht mit der darüber liegenden Erdschicht vermischen kann, muß sie mit einer Lage Filterwatte oder einem ähnlichen Material abgedeckt werden.

Der eigentliche Bodengrund kann aus verschiedenen Materialien bestehen, wie zum Beispiel einem Sand-Torf-Gemisch, Garten- oder Blumenerde (ungedüngt) oder Lehm. In den meisten Fällen kommt der Höhe der Schicht nur eine untergeordnete Bedeutung zu, da viele Schlangen und Echsen ihre Eier nur in einer geringen Tiefe vergraben. Lediglich in den Fällen, in denen die Weibchen regelrechte **Legehöhlen** graben oder die Tiere in **Wohnhöhlen** leben, muß eine sehr hohe Bodenschicht, die in sich eine gewisse Stabilität aufweist, vorhanden sein. Am stabilsten sind Gartenerde oder Lehm; teilweise reicht auch eine Mischung aus lockeren Substanzen aus, um einen stabilen Bodengrund zu erhalten, in dem die Tiere leicht graben können.

Häufig ist es wesentlich einfacher, die Tiere an fertig gemauerte Gänge oder Holzkisten, die mit etwas Erde angefüllt und abgedeckt werden, zu gewöhnen. In der Regel nehmen gerade Schlangen dieses Angebot recht schnell an.

Bei der Pflege von stark grabenden Arten sollte man nie vergessen, die Pflanzen in festen Blumentöpfen eingepflanzt in den Bodengrund zu integrieren. Im übrigen hat der Satz von Lilge & Van Meeuwen (1979) noch nichts an Bedeutung verloren: „Für grabende Arten sorgen wir für einen genügend festen Bodengrund und bewahren unseren Humor, wenn manche von ihnen mit hartnäckiger Grabetätigkeit wieder einmal das schön eingerichtete Terrarium völlig umgewühlt haben." Auf den Bodengrund legt man frische Moosplatten oder deckt die Erdschicht mit Laub ab.

Insbesondere bei der Amphibienpflege ist es üblich, den Bodengrund komplett aus dem als Hydrokultursubstrat erhältlichen Lekaton zu bilden und ihn anschließend mit Moos und Laub dicht abzudecken.

Bodengrund im Wüstenterrarium

Für Wüsten- und Trockenterrarien kann man natürlich auf eine Drainageschicht verzichten. Als Bodengrund verwendet man Sand, Lehm oder ein Gemisch aus beiden. Alle Pflanzen werden in **Pflanzschalen** in den Behälter gestellt, damit man beim Gießen nicht immer den gesamten Boden anfeuchtet.

Fluß- und Seesand eignen sich sehr gut, da die Körner schon stark abgeschliffen sind. Auch mit **Vogelsand** haben wir gute Erfahrungen gemacht, jedoch nur bei Arten, die hartschalige Eier legen. Weichschalige Eier sind dagegen in Vogelsand nicht zur Entwicklung gekommen. Im Wüstenterrarium wird die Bodenschicht zumindest teilweise mit einigen dünnen Steinplatten oder Kork- und Rindenstücken abgedeckt.

Im Laufe der Evolution haben sich die Tiere oft nicht nur in ihrer Lebensweise, sondern auch in ihrem Aussehen dem Boden angepaßt. So kann für einige Arten wichtig sein, welche Farbe der Untergrund aufweist. Als Beispiel sei hier *Nephrurus wheeleri* genannt, eine Gecko-Art, die auf rotem Sandboden lebt und sich im natürlichen Lebensraum zur Tarnung mit Sand bewirft. Das Verhalten zeigen die Tiere im Terrarium nur, wenn der Bodengrund auch dort die richtige Farbe aufweist. In Deutschland findet man roten Bodengrund zum Beispiel in der Eifel.

In einem sterilen Becken benutzen viele Schlangenhalter spezielle Holzpellets als Bodengrund. Sie haben die gute Eigenschaft, überflüssige Feuchtigkeit sofort aufzunehmen. Kotreste können leicht entfernt werden. In einem **Quarantänebecken** benutzt man am besten Fließpapier, da es leicht zu wechseln und somit das Terrarium leichter steril zu halten ist. Optisch etwas schöner ist Kunstrasen, der ebenfalls leicht auszutauschen und zu reinigen ist.

Felsaufbauten

Eines der schwierigsten Themen bei der Gestaltung eines Terrariums stellt die Integration von Felslandschaften dar. Da echte Steine sehr schwer sind, sollten sie nur in Terrarien verwendet werden, die einen soliden und stabilen Unterbau aufweisen. Die Bodenscheibe muß sehr dick sein und völlig plan auf dem Unterbau aufliegen. Zusätzlich sollte der Behälter auf einer Hartschaummatte für Aquarien stehen, die kleinere Stöße auffangen kann.

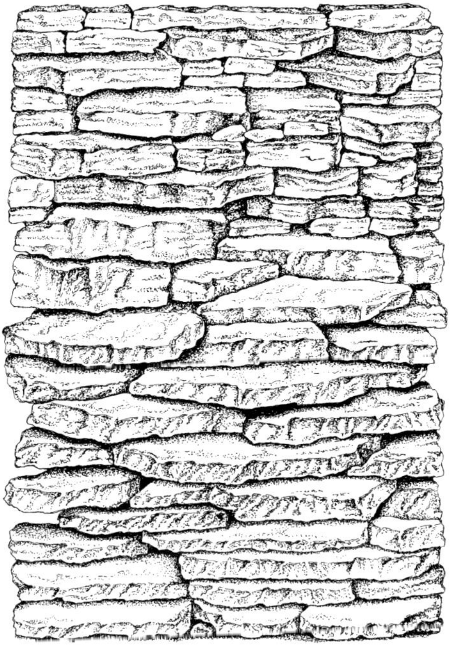

Bei der Gestaltung der Terrarienwände mit Natursteinen sollte man möglichst dünne Platten verwenden.

Wer nicht auf echte Steine verzichten will, muß mit deren Aufbau immer direkt auf der Bodenplatte beginnen. Sonst könnte es allzu leicht vorkommen, daß einer der Pfleglinge die Steine untergräbt und dann von ihnen zerquetscht wird. Ein größeres Mauerwerk aus Bruchstein oder Steinplatten wird immer nach einem festen Plan in das Terrarium eingebracht. Die Steine werden zu kleinen Einheiten zusammengemauert, die leicht zu entnehmen und gut kontrollierbar sind.

Zement kann man mit **Metalloxidfarben** nach Wunsch einfärben, um auf diese Weise dem Bauwerk ein möglichst natürliches Aussehen zu verleihen. Bevor die verbundenen Steinplatten in das Terrarium gelegt werden, müssen alle Zementbauteile lang genug (mindestens 24 Stunden) gewässert werden. Wichtig ist jedoch, daß man auf keinen Fall ihr Gewicht unterschätzt!

Auch die Seiten- und Rückwände kann man mit Natursteinen gestalten. Es sollten jedoch nur möglichst dünne Platten verwendet werden, die immer in einem festen Verbund stehen müssen und keine uneinsehbaren Zwischenräume aufweisen sollten. Auch hier beginnt man mit dem Aufbau am besten direkt auf der Bodenplatte. Die Steinplatten können angeklebt oder, wenn man die Wände aus Eternit oder Holz gestaltet hat, auch angeschraubt werden. Daß die Steine vor dem Einbringen in das Terrarium gründlich gesäubert werden, ist wohl selbstverständlich.

Wesentlich leichter und vielseitiger sind **künstliche Felslandschaften**. Man baut sich ein Gerippe aus dicken Kork-, Styropor- oder Styrodurplatten und -blöcken, indem man das Material mit einem scharfen Messer zurechtschneidet und mit Silikonkleber verklebt. Die so gestaltete Landschaft kann man nun mit eingefärbtem Moltofill (Außengebrauch) oder mit Fertigbeton verput-

◁ *Das Grundgerüst eines künstlichen Felsens wird aus Styrodur-Platten und PU-Schaum angelegt. Die Unterkonstruktion des Felsens wird mit Fertigbeton verputzt.*

zen. Der Putz sorgt für den endgültigen Halt der Konstruktion. Ganz nach Geschmack kann man ihn nun mit Sand bestreuen oder mit einer Metalloxidfarbe nach Wunsch einfärben.

Kletteräste

Nicht jeder Kletterast ist auch für jedes Tier geeignet. Hier spielen Durchmesser und Beschaffenheit der Oberfläche eine ganz entscheidende Rolle. So schön ein bepflanzter Epiphytenstamm aussieht, so ist er doch als Kletterast für ein Chamäleon, das den Ast mit seinem Fuß umgreifen will, unbrauchbar, ebenso wie für größere Tiere, die die Pflanzen beschädigen würden.

Eine grobe Einteilung der Echsen kann man nach der Beschaffenheit ihrer Füße vornehmen. Alle Arten mit Haftpolstern (*Anolis* und Geckos) bevorzugen Stämme mit einer glatten Oberfläche, wie sie zum Beispiel Buchen und Birken besitzen. Andere Arten benötigen eine rauhe Rinde, wie sie die meisten anderen Baumarten aufweisen. Mit ihren Krallen fänden sie auf den glatten Ästen und Stämmen keinen Halt.

Baumschlangen sollte man unterschiedliche Äste anbieten. Einige Schlangen, wie zum Beispiel die der Gattungen *Corallus* und *Chondropython*, ruhen lieber auf glatten Stämmen, streifen ihre alte Haut aber sehr gerne an einer rauhen Borke ab.

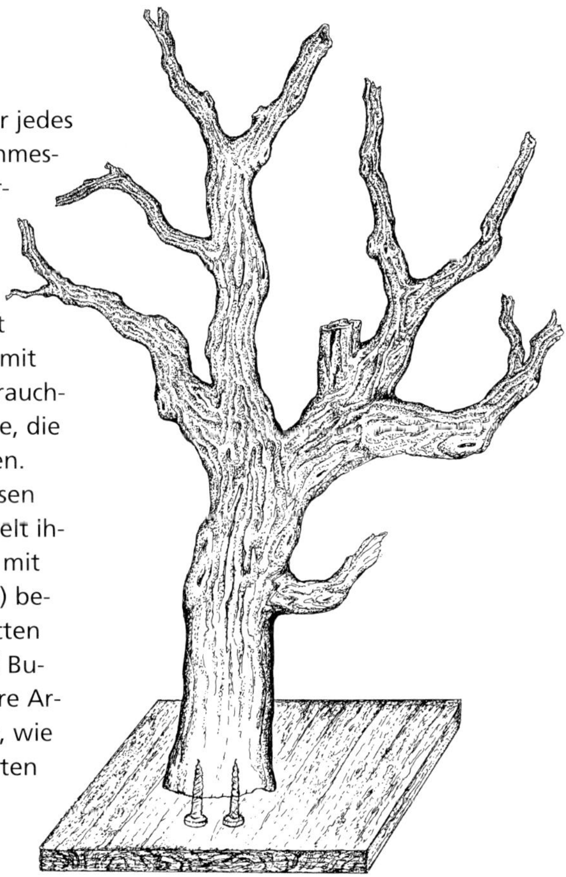

Kletteräste lassen sich an einer Holzplatte anschrauben.

Eine weitere Möglichkeit zur Befestigung von Kletterästen ist das Eingießen des unteren Endes in Beton.

Alle Kletteräste und Baumstämme müssen im Terrarium sicher verankert werden. In den meisten Fällen wird man die Äste zwischen den Wänden oder zwischen Boden und Decke einklemmen und sicherheitshalber noch mit Silikonkleber oder Moltofill (für den Außengebrauch) ankleben oder festgipsen. Nur bei kleineren Ästen genügt es, wenn man sie nur auf dem Terrarienboden befestigt. Klebt man dagegen Stücke verschieden großer Abflußrohre auf dem Boden fest, in die man die Äste hineinsteckt, gibt man ihnen einen sicheren Halt. Zwei große Stämme stellt man gegeneinander und bohrt ein Loch durch beide, in das ein Holzdübel geschlagen wird. In einem Holzterrarium kann man die Stämme anschrauben und in einem gemauerten Becken an mehreren Stellen andübeln. Das Eingießen des unteren Stammbereiches in Beton oder das Anschrauben auf eine Holzplatte sind weitere Möglichkeiten (siehe Zeichnungen). Es muß jedoch grundsätzlich immer wieder die Festigkeit kontrolliert werden.

Jedes Holz verrottet nach einer bestimmten Zeit, in einem feuchten Terrarium eher als in einem trockenen. Sehr haltbar und insbesondere für kleinere Becken sehr dekorativ sind Moorkien- und Steinholz, die hauptsächlich in Aquaterrarien Verwendung finden.

Wasserbecken

Unabhängig davon, ob es zum Trinken oder zum Baden dient, muß das Wasserbecken leicht zu säubern und immer mit frischem Wasser gefüllt sein. Als

Der Grüne Baumpython ruht gern auf glatten Ästen, streift seine Haut aber lieber an rauher Borke ab.

Trinkgefäße eignen sich auf die Größe der Tiere abgestimmte Porzellan- oder Plastikgefäße sehr gut. Für nicht badende Arten sollten sie so flach sein, daß die Tiere darin stehen können, oder so klein, daß sie nicht hineinpassen. Mittlerweile findet man in den Haushaltsabteilungen vieler Kaufhäuser Plastikschalen in allen Größen und Ausführungen.

In einem Paludarium kann der gesamte Boden als Wasserbecken hergerichtet werden.

Eine andere Möglichkeit, Trinkwasser bereitzustellen, bieten **Zimmerspringbrunnen**. Sehr viele Tiere (zahlreiche Chamäleons) trinken nur bewegtes Wasser. Hier leisten die gebräuchlichen Kleinspringbrunnen einen wertvollen Dienst und sorgen auch gleichzeitig für ein besseres Klima im Terrarium.

Große Wasserbecken bekommt man in Baumärkten oder Pflanzenhandlungen als Gartenteiche oder Vogeltränken. Hier gibt es die unterschiedlichsten Typen in allen Größen. Während die Teiche meistens aus Plastik sind, werden Vogeltränken häufig aus Ton gebrannt. Schüsseln und Wannen sind ungeeignet als Wasserbecken, da sie einen zu hohen und steilen Rand besitzen. **Plastikteiche** kann man noch etwas bearbeiten. Der Rand oder auch das gesamte Becken werden mit einem klaren Lack gestrichen; sehr gut eignet sich Bootslack. Danach wird der Lack noch im feuchten Zustand mit Sand oder anderen Materialien beworfen. Wenn der Sand angetrocknet ist, wird noch einmal Lack darüber gestrichen. Mit einigen Steinen und Ästen dekoriert, kann man das sterilste Wasserbecken in ein schön eingerichtetes Terrarium integrieren.

Natürlich kann man Wasserbecken auch selbst herstellen. **Ton** ist ein ausgezeichnetes Material für alle Wasserschalen. Auch wenn man nicht selber töpfern möchte, kann man auf Basaren oder auf Märkten doch Verkaufsstände von Tonarbeiten finden. Hier ist sicher jemand bereit, nach den entsprechenden Angaben ein Gefäß anzufertigen. Bei größeren Becken sollte man grund sätzlich einen Abfluß einplanen. Nichts ist aufwendiger, als verschmutztes Wasser aus einem Becken abzusaugen.

Wenn in das Terrarium eingesetzte Behälter nicht ausreichen oder wir die Tiere auch im Wasser beobachten möchten, kommt nur ein **Aufteilen des Terrarienbodens** in Frage. Der untere Terrarienbereich muß aus Glas bestehen oder gemauert sein. In einem Glasbecken kann man ihn durch das Einkleben einer schräg gestellten Scheibe unterteilen. Wenn man das Terrarium in einen vorderen Wasserteil und einen hinteren Landteil aufteilt, kann man seine Tiere im Wasser durch die Vorderscheibe beobachten. Damit sie auch an Land gehen können, muß die Trennscheibe beklebt werden (siehe Zeichnung unten). Auch hier hat man wieder die Möglichkeit, durch klaren Bootslack und angeworfenen Sand

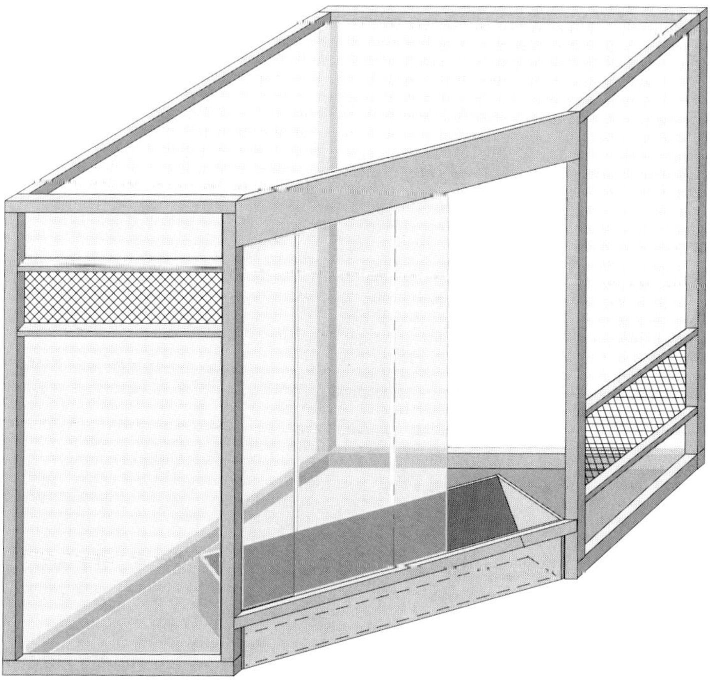

Damit die Tiere an Land gelangen können, muß die schräge Scheibe des Wasserteils beklebt werden.

eine rauhe Oberfläche herzustellen. Aber auch mit einem Silikonkleber kann man verschiedene Materialien ankleben (flache Steine, Korkrinde). Eine Alternative ist eine vorgefertigte Platte aus Styrodur, wie wir sie bereits als Wand vorgestellt haben, die auf die Schräge geklebt wird.

Kommen wir nun zu den **gemauerten Wasserteilen**, die allerdings erst in einem großen Terrarium richtig wirken. Dem Mörtel oder Beton muß auf jeden Fall ein abdichtendes Mittel (beispielsweise Ceresit) zugesetzt werden. Die Höhe des Wasserspiegels und somit der Wasserdruck sind ausschlaggebend für die Belastung der Wände. Aus Beton gegossene Wände sollte man immer mit einer Monierung (Draht- oder Eisengeflecht) versehen, da sie sonst auseinanderbrechen können.

Eine Verkleidung der Wände mit Natursteinen gibt dem gemauerten Becken ein natürliches Aussehen. Der Übergang zu einem **Wasserlauf** oder Wasserfall läßt sich gut verwirklichen. Zum Bau eines Wasserlaufes wird dünnflüssiger Beton, versehen mit einem abdichtenden Zusatz, über einen vorgefertigten Untergrund verteilt und geformt. Mit einer Zementfarbe kann man ihn nach seinem Geschmack einfärben. Als Untergrund für einen Bachlauf hat sich Styrodur ausgezeichnet bewährt. In den flüssigen Beton, oder nach dem Aushärten auf ihn, kann man Natursteine setzen.

Weitere Einrichtungsgegenstände

So unterschiedlich die Tiere sind, so verschieden ist auch ihr Verhalten. Selbst innerhalb einer Gattung können recht gegensätzliche Bedürfnisse vorliegen. Um ihnen auch nur annähernd gerecht zu werden, muß man sich bereits vor der Anschaffung eingehend mit den zu pflegenden Arten beschäftigen. Dabei ist nicht nur die Betrachtung des Lebensraums wichtig, sondern auch die des Fortpflanzungsverhaltens. Um den Ansprüchen der Tiere gerechtzuwerden, aber auch zur eigenen Sicherheit, benötigt man zahlreiche zusätzliche Einrichtungsgegenstände.

Einige Reptilienarten aus den Trokkengebieten der Erde (zum Beispiel Chuckwallas oder Leopardgeckos) legen weichschalige Eier, die ein feuchtes Substrat für die Entwicklung benötigen. Hier kann man **bepflanzte Schalen** (die Größe richtet sich nach der der gepflegten Tiere), die stets feucht gehalten werden müssen, ins Terrarium einbringen. Allerdings sollte man die Pflanzen in den Töpfen belassen und diese zusätzlich am Boden der Schale befestigen. Rundherum füllt man die Schale mit einem Erd-Sand-Gemisch auf. Der Platz zwischen den Töpfen muß aber immer größer sein als die Töpfe selbst, damit die Tiere genügend

Fläche zum Graben zur Verfügung haben.

Da Tiere sehr vieler Arten ihre Eier nur in dunklen Verstecken vergraben, muß man auch diese Möglichkeit anbieten. Im Zoofachhandel sind geeignete künstliche **Höhlen** in verschiedenen Größen erhältlich. Mit feuchtem Sand oder mit Erde bis zur Hälfte gefüllt, werden sie gern als Versteck oder Eiablageplatz genutzt. Da die Höhlen das Aussehen eines Steines haben, passen sie auch optisch gut ins Terrarium. Außerdem kann man sie sehr gut als Pflanzenschale in die Rück- oder Seitenwand einbauen.

Durch zwei baugleiche Gefäße, die man übereinander stellt, erhält man ebenfalls eine dunkle Höhle. Hierzu eignen sich sowohl Tonschalen als auch größere Pflanzenschalen. In das obere Gefäß wird eine Öffnung geschnitten, die der Größe der Tiere entspricht. In das untere Gefäß füllt man das Substrat zur Aufnahme der Eier, wie Sand, Sand-Torf-Gemisch, Blumenerde oder feuchtes Moos. Die beste Verbindung der beiden Behälter ist ein hochstehender Außenrand, der am unteren Gefäß angeschraubt oder angeklebt wird, und in den das obere eingelegt wird. So kann es nicht zur Seite verrutschen und ist nach oben leicht herausnehmbar.

Eine andere Möglichkeit ist das Anbringen von Scharnieren, die ein Hochklappen des oberen Kastens ermöglichen. Da der untere Teil meistens im Bodengrund eingelassen wird, spielt hier das Aussehen keine Rolle. Den oberen Teil kann man dem Aufbau des Terrariums entsprechend gestalten. Für ein Wüstenbecken läßt sich das Gefäß lackieren und im feuchten Zustand mit Sand bewerfen. Auch das Ankleben von Schieferplatten oder flachen Natursteinplatten ermöglicht ein natürliches Aussehen.

Tiere vieler am Boden lebender Arten aus Trockengebieten ziehen sich zumindest zeitweise in feuchte Schlupfwinkel zurück. In der Natur legen sie häufig **tiefe Gänge** an, die bis in feuchtere Schichten reichen. Große ungebrannte Tonschalen, die mit der Öffnung nach unten auf den Boden gelegt und von oben täglich befeuchtet werden, sind als Ersatz sehr gut geeignet. Das Klima unter ihnen scheint den meisten dieser Tiere zu behagen.

Baumbewohnende Reptilien legen ihre Eier sehr gern in altem, vermodertem Holz ab. Hier haben sich **Vogelnistkästen** als Ersatz bewährt, die an der Wand oder an einem dickeren Kletterast befestigt werden. Der Kasten wird mit einem Substrat (Blumenerde oder feuchtes Moos) bis fast zum Einflugloch gefüllt. Sein Dach muß aber zur Kontrolle oder zur Entnahme der Eier geöffnet werden können. Wenn man den Deckel nur auf einer Seite mit einem Nagel befestigt, kann man ihn zur Seite drehen.

Tejus mit künstlicher Wohnhöhle.

Eine künstliche **Eiablagehöhle** muß man zahlreichen Großechsen anbieten, wie zum Beispiel dem Grünen Leguan. Die Tiere benötigen einen langen Gang bis zur eigentlichen Nestkammer (Ablagebehälter). Gang und Ablagebehälter müssen der Größe der Tiere entsprechen. Hierbei ist es wichtig, daß die Leguane Kontakt zur Decke haben. Der Gang darf nicht höher als das Tier sein, da sich das Weibchen sonst nicht geborgen fühlt. Der Eiablagekasten muß so groß sein, daß sich die Tiere darin drehen können. Der Schlupfkasten wird mit Blumenerde oder einem Torf-Sand-Gemisch bis zur Hälfte gefüllt, wobei der Gang mit Sägespänen aufgefüllt werden kann.

Geöffnete **Bambusröhren** werden von vielen Phelsumen gern zur Eiablage benutzt. In das obere Drittel der Röhre schneidet man mit einer Lochsäge, die als Bohrmaschinenvorsatz erhältlich ist, eine Öffnung, deren Größe von der der Tiere abhängt. Auf der Rückseite wird ein rechteckiges Fenster ausgesägt. Das abgetrennte Stück bleibt an seinem Ort und wird mit einem Klebestreifen oder einem Scharnier befestigt. So kann man den

Innenraum der Röhre jederzeit kontrollieren.

Wenn man das Eingangsloch ebenfalls verschließbar macht und das Fenster nur mit einer durchsichtigen Plastikfolie zuklebt oder aus Plexiglas anfertigt, hat man die Möglichkeit, die Entwicklung der angeklebten Eier von außen zu überwachen. So können die Jungen im Terrarium in einem sicheren Versteck schlüpfen und danach in einen Aufzuchtbehälter überführt werden. Da Phelsumen ihre Eier sehr gern an der gleichen Stelle ablegen, kann man auf diese Weise mehrere Gelege schützen und die Eier weiterhin im Terrarium belassen.

Auch zum Fang der Tiere kann man die Höhlen benutzen. Viele baumbewohnende Tiere flüchten in solche Verstecke. Kann man das Eingangsloch verschließen, sind die Tiere beim Hantieren im Terrarium gut untergebracht.

Für den Fang oder als Versteck von Schlangen haben sich **Schlupfkästen** bewährt. Gerade bei der Haltung von Giftschlangen benötigt man einen Kasten, in den sich die Schlangen zurückziehen können. Das Eingangsloch muß aber verschließbar und gegen unbeabsichtigtes Öffnen durch Pfleger und Schlange gesichert sein. Gerade beim Hantieren im Terrarium ist es wichtig, daß die Tiere sicher untergebracht sind. Der Schlupfkasten sollte auch von außen zugänglich sein.

Als Eiablageplatz benötigt man für einige Froscharten, die sich in wassergefüllten Baumhöhlen fortpflanzen (zum Beispiel *Mantella laevigata*), geeignete **Legeröhren**. Hier kann man wieder auf Bambus zurückgreifen, wie oben beschrieben. In diesem Fall wird die Röhre zu zwei Dritteln mit Wasser gefüllt.

Eine andere Möglichkeit besteht darin, zwei schwarze Filmdosen mit den Öffnungen zusammenzukleben und in die obere Dose ein Loch zu schneiden. Auch hier wird die untere Dose mit Wasser aufgefüllt. Einzelne Filmdöschen eignen sich hervorragend als Eiablageplatz für Dendrobaten. Aufrecht befestigt und mit Wasser gefüllt, werden sie von einigen Pfeilgiftfröschen auch für die Aufzucht der Kaulquappen genutzt.

Für größere Tiere benutzt man **Abflußrohre** mit Deckel. Man kann auch verschieden starke Rohre miteinander verbinden und so unterschiedliche Schlupflöcher anfertigen. Wenn man sie mit Rinde verkleidet, erhält man einen künstlichen Baum, der auch hervorragend als Epiphytenstamm geeignet ist. Der untere Stammbereich (unteres Rohr) läßt sich mit einer **Heizung** (beispielsweise einem Aquarienheizstab oder -kabel) ausstatten. In die oberen Äste (obere Rohre) werden kleine Löcher gebohrt, durch die Wärme und Luftfeuchtigkeit nach außen treten können.

Die Heizung muß jedoch immer mit Wasser bedeckt sein. Zum Auffüllen wird ein Schlauch in den oberen Stammbereich geschoben, der aus dem Terrarium herausführt. Jetzt kann man den Stamm bequem mit Wasser füllen, ohne dafür im Terrarium hantieren zu müssen. Die Methode eignet sich auch zum Auffüllen aller größeren Wasserbehälter oder zum gezielten Gießen von Pflanzen. Wenn der Schlauch über ein Magnetventil mit der Wasserleitung oder einer Pumpe verbunden ist, geschieht das Gießen automatisch (siehe auch Sprüh- und Nebelanlagen).

Die Bepflanzung verschiedener Terrarientypen

Alle Terrarientypen müssen auf die in ihnen zu pflegenden Arten abgestimmt sein. So sollte auch die Bepflanzung den Bedürfnissen der Tiere gerecht werden. Beispielsweise benötigen einige Pfeilgiftfrösche die mit Wasser gefüllten Trichter und Blattachseln von Bromelien zur Aufzucht ihrer Larven. Um ein Regenwaldterrarium üppig bepflanzen zu können, muß der Behälter eine große Bodenwanne besitzen, die das Anlegen eines geeigneten Bodengrundes ermöglicht.

Die Auswahl der Pflanzen spielt für die wenigsten Tiere eine entscheidende Rolle; sie erfolgt daher überwiegend nach ästhetischen Gesichtspunkten. Natürlich darf man bei der Planung nie vergessen, um welchen Terrarientyp es sich handelt. So gehören Bromelien nicht in ein Wüstenterrarium und Sukkulenten nicht in ein Regenwaldbecken. Ob es sich allerdings um asiatische Pflanzen in einem Terrarium mit afrikanischen Tieren oder afrikanische Pflanzen in einem Terrarium mit australischen Tieren handelt, ist vollkommen unerheblich.

Die Pflanzenfresser unter den Reptilien interessieren sich allerdings sehr für die Vegetation, da sie jede noch so liebevoll angelegte Bepflanzung lediglich als willkommene Bereicherung ihres Speiseplans betrachten. So ist man bei der Pflege einiger Arten gezwungen, völlig auf Pflanzen zu verzichten. Lediglich an für die Tiere unerreichbaren Stellen kann man einige robuste Gewächse anbringen. Eine Abtrennung durch eine Scheibe ist ebenfalls möglich.

In größeren Terrarien kann man durch Einrichtung und Bepflanzung auch eine räumliche Aufteilung vornehmen, so daß die Tiere in der Lage sind, mehrere Reviere nebeneinander auszubilden. So vielfältig wie die Tiere sind auch die Pflanzen. Wie bei den Tieren, spielt auch bei der Auswahl der Pflanzen die Erfahrung eine große Rolle. Die von uns empfohlenen Arten sollen nur eine Anregung sein. Natürlich gibt es noch viele weitere Pflanzen, die in die von uns vorgegebenen Terrarien passen. Wir haben jedoch nur diejenigen ausgewählt, die auch in Gärtnereien zu bekommen sind.

Auswahl von für das Trockenterrarium geeigneten Pflanzen.

Das Trockenterrarium

Beim Wüsten- oder Trockenterrarium bietet es sich an, die Pflanzen in einer Schale zusammenzufassen, um ein leichteres Gießen zu ermöglichen. So wird nur ein kleiner Teil des Terrariums befeuchtet. Da sehr viele Wüstentiere den Tag oder die Nacht in leicht feuchten Verstecken verbringen, hat man hier die Möglichkeit, einen derartigen Unterschlupf herzurichten. Während ihrer aktiven Phase benötigen die meisten Tiere aber unbedingt einen trokkenen Untergrund.

Kakteen kommen nur bei der Pflege weniger Arten in Betracht, obwohl wir bisher noch keine Verletzungen der Tiere durch die Stacheln beobachtet haben. Einige Arten leben sogar regelrecht zwischen den Stacheln oder Dornen, wie zum Beispiel *Phelsuma breviceps*, ein Taggecko, der in Madagaskar zwischen den bis zu 70 mm langen Dornen von *Euphorbia stenoclada* zu finden ist.

Folgende Pflanzen sind für ein Trokken- oder Wüstenterrarium gut geeignet und regelmäßig im Handel erhältlich:

Geeignete Pflanzen für das Standardterrarium.

Familie	Gattung
Agavaceae (Agavengewächse)	*Agave, Yucca*
Aizoaceae (Mittagsblumengewächse)	*Lithops, Faucaria, Fenestraria, Pleiospilos, Titanopsis* („Lebende Steine“)
Apocynaceae (Hundsgiftgewächse)	*Pachypodium*
Cactaceae (Kaktusgewächse)	*Opuntia, Mammillaria, Astrophytum, Echinocactus, Melocactus*
Crassulaceae (Dickblattgewächse)	*Crassula, Kalanchoe, Sedum, Sempervivum, Cotyledon, Aeonium, Dudleya*
Bromeliaceae (Ananasgewächse)	*Cryptanthus*
Euphorbiaceae (Wolfsmilchgewächse)	*Euphorbia*
Liliaceae (Liliengewächse)	*Aloe, Sansevieria*

Das Standardterrarium

Die hier genannten Pflanzen stellen keine besonderen Ansprüche an ihre Umgebung und sind somit für die meisten Terrarientypen geeignet. Natürlich benötigen sie ausreichend Licht und müssen regelmäßig gegossen werden.

Hier bieten sich folgende Pflanzen an:

Familie	**Gattung**
Agavaceae (Agavengewächse)	*Dracaena, Cordyline, Yucca*
Araceae (Aronstabgewächse)	*Aglaonema, Alocasia, Anthurium, Dieffenbachia, Epipremnum, Philodendron, Scindapsus, Syngonium, Spathiphyllum*
Asclepiadaceae (Seidenpflanzengewächse)	*Hoya, Stephanotis, Ceropegia*
Araliaceae (Araliengewächse)	*Dizygotheca, Hedera, Polyscias, Schefflera, Fatsia, Fatshedera*
Arecaceae	*Chrysalidocarpus, Chamaedorea*
Begoniaceae (Schiefblattgewächse)	*Begonia*
Liliaceae (Liliengewächse)	*Sansevieria, Chlorophytum*
Moraceae (Maulbeerbaumgewächse)	*Ficus*
Marantaceae (Marantagewächse)	*Calathea, Ctenanthe, Maranta*
Piperaceae (Pfeffergewächse)	*Peperomia*
Urticaceae (Nesselgewächse)	*Pilea*
Vitaceae (Weinrebengewächse)	*Cissus*
Euphorbiaceae	*Euphorbia, Codiaeum*

Das Regenwaldterrarium

Ein Regenwaldterrarium stellt in bezug auf Gestaltung und Bepflanzung die weitaus größte Herausforderung dar. Hier stehen jedoch auch die meisten Pflanzen zur Verfügung. Eines sollte aber immer berücksichtigt werden: Alle Pflanzen wachsen und breiten sich aus. Auch wenn es am Anfang aussieht, als seien es zu wenig Pflanzen, muß man sie spätestens nach einem halben Jahr zurückschneiden. Die Gestaltung ist von der Größe des Terrariums abhängig. Eine Aufteilung in zwei Ebenen, zum Beispiel mit Hilfe von Epiphytenästen, verschafft einen natürlichen Eindruck.

Wenn man kleinere Tiere pflegt, die keine Pflanzen beschädigen, bietet sich ein mit Orchideen, Tillandsien und kleinen Farnen bewachsener **Epiphytenast** als Blickfang an. Für den Ast selbst eignen sich nur wenige Hölzer, da sie der Verrottung lange standhalten müssen. Rebstöcke sind hierfür besonders gut geeignet, weil sie eine stark strukturierte Oberfläche besitzen. Auch Obstbäume wie Kirsche oder Apfel kann man verwenden. Wer es etwas bizarrer mag, sollte Korkenzieherhaselnußäste oder Efeustämme benutzen.

Die Wurzeln der Epiphyten (Aufsitzerpflanzen) müssen in *Sphagnum* oder andere Substrate eingebettet und gemeinsam mit ihnen am Epiphytenast mit Bast angebunden werden. Auch das Ankleben mit einem Silikonkleber

Epiphytenast in einem Paludarium. ▷

In dickere Äste werden trichterförmige Vertiefungen gebohrt, die am Boden eine kleine Öffnung haben müssen.

Auswahl von Pflanzen für das Feuchtterrarium.

ist bei einigen Tillandsien möglich. In dickere Äste werden Löcher gebohrt, die oben eine trichterförmige Öffnung besitzen und ein Loch im Boden haben (siehe Zeichnung Seite 109).

Einen künstlichen Stamm kann man auch aus Abflußrohren herstellen. Zuerst besorgt man sich in einem Baumarkt unterschiedliche Rohre eines Systems. Die Größe des Stammes (Länge der Rohre) hängt von der Größe des Terrariums ab. Für den Stamm benötigt man einen Durchmesser von 50 mm, für die Äste reichen 40 mm. Die Verbindungen werden aus Abzweigen, T- und Bogenstücken hergestellt. Die Enden können mit einer Verschlußkappe abgedichtet, mit Alugaze verschlossen oder bepflanzt werden.

Die Verkleidung der Rohre kann mit Korkröhren erfolgen, die längsseits aufgeschnitten und einfach über das Rohr gestreift werden. Optisch schöner ist es, das ganze Bauwerk sorgfältig mit Bast oder *Sphagnum* zu verkleiden. Das Moos wird um das Rohr gelegt und anschließend mit durchsichtiger Angelschnur stramm umwickelt. Man hat mehrere Möglichkeiten der Bepflanzung. Zum einen können die Enden der „Äste" immer mit einem Bogen versehen werden, dessen Öffnung nach oben zeigt. Hier kann man Blumenerde in einen abgeschnittenen

Abflußrohre sind ein hervorragendes Baumaterial für einen künstlichen Stamm.

Man kann Epiphyten auch in dicken Bambusrohren unterbringen.

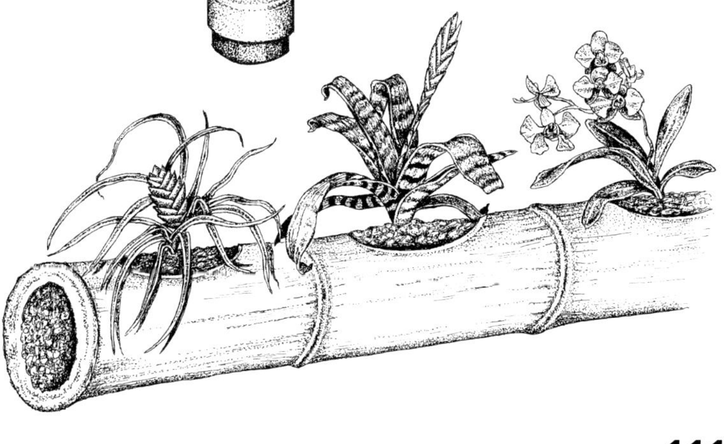

Korkeichenstücke müssen an den Seiten noch geschlossen werden.

Strumpf füllen, die Pflanze hineinsetzen und das Ganze in die Öffnung drücken. Außerdem kann man die Seitenrohre halbieren und die so entstandenen Wannen bepflanzen.

Weiterhin kann man die Pflanzen in aufgeschnittenen Bambusröhren von über 50 mm Durchmesser unterbringen. Die Röhren werden halbiert oder es werden Fenster hineingesägt, in die die Pflanzen gesetzt werden (siehe Zeichnung Seite 111). Grundsätzlich ist darauf zu achten, daß keine Staunässe entsteht. Am Boden der Pflanzenschalen bohrt man ein kleines Loch, damit überflüssiges Wasser ablaufen kann. Als Bodengrund eignet sich am besten Orchideenerde. Ebenfalls als Pflanzenschale können die schon erwähnten gebogenen Korkeichenstücke dienen; sie müssen an den Seiten noch geschlossen werden.

Für einen Epiphytenstamm eignen sich die in der Tabelle auf Seite 113 oben genannten Pflanzen.

Das Aquaterrarium

Für den Landteil des Aquaterrariums bieten sich verschiedene Sumpfpflanzen an. Aber auch Wasserpflanzen sind für viele Arten eine wichtige Voraussetzung für die Vermehrung. So kleben zum Beispiel zahlreiche Molche ihre Eier an Pflanzenblätter an.

Wasserpflanzen bekommt man in jedem Zoofachgeschäft. Für Wasserschildkröten sind sie allerdings nicht geeignet, da sie oft angefressen werden. Da die meisten Schildkröten auch sehr starke Wühler sind, kann man auf eine Bepflanzung des Wasserteils verzichten.

Für den Wasserteil eines Aquaterrariums sind im Prinzip alle robusten Aquarienpflanzen geeignet. In der Tabelle auf Seite 113 unten sind besonders geeignete Schwimmpflanzen aufgeführt, die man verwenden kann, falls man auf die Bepflanzung des Bodengrundes verzichten will.

Pflanzen für einen Epiphytenstamm

Familie	Gattung
Agavaceae (Agavengewächse)	*Cordyline, Dracaena*
Araceae (Aronstabgewächse)	*Aglaonema, Alocasia, Anthurium, Dieffenbachia, Epipremnum, Philodendron, Scindapsus, Syngonium, Spathiphyllum*
Asclepiadaceae	*Hoya, Stephanotis, Ceropegia*
Araliaceae	*Dizygotheca, Polyscias, Schefflera, Fatsia*
Bromeliaceae	*Aechmea, Billbergia, Guzmania, Neoregelia, Nidularium, Tillandsia, Vriesea*
Cactaceae	*Rhipsalis, Rhipsalidopsis*
Moraceae	*Ficus*
Marantaceae	*Calathea*
Pteridopsida (Klasse der Farne)	*Asplenium, Adiantum, Blechnum, Davallia, Nephrolepis, Pteris, Platycerium, Polystichum*
Orchidaceae (Orchideen)	*Phalaenopsis, Oncidium, Vanda, Ludisia, Odontoglossum, Miltonia, Dendrobium, Cattleya*
Polygonaceae (Knöterichgewächse)	*Muehlenbeckia*
Zingiberaceae (Ingwergewächse)	*Elettaria*

Schwimmpflanzen für das Aquaterrarium

Familie	Gattung/Art
Pontederiaceae	*Eichhornia crassipes* (Wasserhyazinthe)
Salviniaceae	*Salvinia auriculata*
Araceae	*Pistia stratiotes* (Wassersalat)

Außenanlagen

Wer die Möglichkeit hat, sollte seinen Pfleglingen einen „Sommerurlaub“ im Garten oder auf dem Balkon ermöglichen, da er eine willkommene Abwechslung zum normalen „Terrarienalltag“ darstellt. Häufig zeigen die Tiere besonders hier ihre volle Farbenpracht. Auch läßt sich oft eine deutliche Aktivitätssteigerung feststellen.

Das Freilandterrarium

Grundsätzlich muß man zwischen zwei Arten der Unterbringung unterscheiden. Manche Amphibien- und Reptilienarten können nur an heißen Tagen im Garten gepflegt werden, andere dagegen während des ganzen Sommers im Freilandterrarium verbleiben.

Zu der ersten Gruppe gehören die zahlreichen tropischen Arten, die zur tiergerechten Pflege hohe Temperaturen benötigen, die bei uns nur während einiger Tage im Jahr gegeben sind. Für sie wird das Freilandterrarium im Prinzip dem Normalterrarium nachgestaltet.

Da die **„Urlaubs- oder Balkonbehälter"** sich nur zur vorübergehenden, teilweise nur stundenweisen Unterbringung eignen, müssen bestimmte bauliche Besonderheiten beachtet werden. Natürlich muß das Terrarium ausbruchsicher sein, was unter anderem bedeutet, daß es mit einer festen Bodenplatte ausgestattet ist, damit sich die Tiere nicht vergraben können. Dekkel und Seitenwände sollten aus Gaze bestehen, damit sich kein Hitzestau bilden kann. Die Einrichtung ist möglichst einfach zu gestalten, was das Umsetzen der Tiere sehr erleichtert. Sehr geeignet, besonders für die Unterbringung der großen Arten, sind stabile Volieren. Als Standort eines Freilandterrariums sollte immer ein halbschattiger Platz gewählt werden, der es den Tieren ermöglicht, sich auch aus der Sonne zu entfernen.

Für die anderen Arten, insbesondere die einheimischen und europäischen Amphibien und Reptilien, aber auch andere Arten aus den gemäßigten Zonen, empfiehlt sich das Anlegen eines dauerhaften **Freilandterrariums**, in dem die Tiere die Sommermonate verbringen können. Um ein Entweichen zu vereiteln, sollte die Begrenzung fest gemauert sein oder aus Plastikwellwänden bestehen. Sie muß, abhängig von den gepflegten Arten, etwa 40 bis 120 cm tief in den Boden reichen, um ein Untergraben seitens unserer Pfleglinge oder kleiner Nager zu verhindern.

◁ *Naturnahe Gartengestaltung mit Teich, Freilandterrarium und Gewächshaus.*

Ist die Außenumwandung gemauert, so muß sie zusätzlich gegen Ausbruchsversuche jeder Art gesichert sein, da einige besonders geschickte Kletterer selbst mit Ölfarbe bestrichene Wände erklimmen können. Sinnvoll wäre hier ein schräg nach innen verlaufender Glasstreifen an der Innenseite des Terrariums, der auch nicht mehr durch Überspringen überwunden werden kann. Ferner ist immer darauf zu achten, daß keine Äste oder Grashalme, zum Beispiel umgeknickt nach einem Sturm, eine Brücke in die Freiheit bilden können.

Da die Sonnenscheindauer in den Heimatländern der Tiere (zum Beispiel Mittelmeergebieten) häufig wesentlich länger und zudem intensiver als bei uns ist, sollte das Freilandterrarium zumindest bei den Reptilien an einer Stelle mit einer Gartenleuchte bestrahlt werden, damit die Tiere hier ihre Vorzugstemperatur erreichen können. Ferner sind die Sommer in ihren

Verbreitungsgebieten wesentlich trokkener, so daß die Pfleglinge durch ein mindestens die halbe Freilandanlage überdeckendes Dach gegen zuviel Regen geschützt werden müssen.

Da es sich bei den meisten Arten um Tiere aus trockeneren Gegenden handelt, die in der Regel Bodenbewohner sind, sollte auch die Terrarieneinrichtung einem Steingarten mit spärlichem Bewuchs ähneln. Lediglich ein dichter, schattenspendener Busch sollte immer vorhanden sein.

Ein ganz wichtiger Aspekt ist die **Himmelsrichtung**, in der die Anlage ausgerichtet wird. Mindestens den halben Tag lang sollte die Sonne einen Teil des Freilandterrariums bescheinen; für Reptilien ist die ganztägige Sonnenscheindauer noch besser. Größere Bäume, die zu viel Schatten verursachen, dürfen nicht vorhanden sein. Ferner muß der Platz so gewählt werden, daß weder Grundwasser noch Dauerregen die Anlage überschwemmen können. Daher erbaut man sie entweder auf einem Hügel oder legt unter dem eigentlichen Boden eine etwa einen Meter dicke **Drainageschicht** aus großen Kieseln oder speziellen Drainagesteinen an, die das Ablaufen des Wassers gewährleistet. Eine Anlage, die an einem Hang gebaut wird (auch einem künstlich aufgeschütteten), ist recht leicht optisch attraktiv zu gestalten. Auch kann man sie in verschiedenen Etagen anlegen, so daß immer der beste Einblick gewährleistet ist.

Ein weiterer, unbedingt zu beachtender Aspekt sind die freilebenden Tiere. So wird man es in den meisten Gärten nicht vermeiden können, das ganze Freilandgehege mit einem **Netz** oder Draht abzudecken. In den Wohngebieten sind es hauptsächlich Katzen, die den Tieren nachstellen. Aber auch Iltis und Marder kommen in manchen Gebieten recht häufig vor und stellen mit anderen größeren „Raubtieren" eine ernsthafte Bedrohung dar. Hierzu zählen Ratten, Spitzmäuse und größere Vögel wie Elstern, Raben und Drosseln.

Im folgenden wollen wir einige unterschiedliche Freilandterrarientypen kurz vorstellen.

Die Grubenanlage

Die Grubenanlage eignet sich vor allem zur Pflege der zahlreichen Amphibienarten. Sie besteht aus einer 80 bis 150 cm tiefen Ausschachtung, wobei ein Großteil davon als **Sickergrube** dient, denn eine Drainage ist hier besonders wichtig. In einem Gebiet mit einem hohen Grundwasserspiegel sollte diese Terrarienform nicht gewählt werden.

Die Größe der Anlage richtet sich nach dem zur Verfügung stehenden Platz, sollte aber nicht unter 6 m^2 liegen, da geringere Ausmaße sie wie ein Loch im Boden erscheinen lassen. Die

Wände werden am besten gemauert und mit einem isolierenden Putz versehen oder mit Brettern eingeschalt und aus **Beton** gegossen. Je nach Höhe sollte die Mauer zwischen 15 und 20 cm stark sein. Die Betonwand muß zur Stabilisierung mit einer Monierung verstärkt werden. Hierfür nimmt man am besten Baumatten, die überall im Bauhandel zu erwerben sind. Die Einschalbretter müssen sehr gut abgestützt werden, da der Beton sie sonst auseinanderdrückt. Wer so etwas noch nicht gemacht hat, sollte sich vorher unbedingt von einem Fachmann beraten lassen.

Die **Mauer** muß etwa 20 cm über den die Anlage umgebenden Boden hinausreichen, damit keine Tiere von außen hineinfallen können. Von innen wird die Wand verputzt, damit die Tiere nicht daran hochkriechen können. Dazu kann man Fertigputz verwenden, der nach Herstellerangaben mit Wasser angerührt wird. Der Putz wird mit einer Kelle aufgetragen und mit einem Brettchen verrieben, damit die Fläche absolut glatt wird. Wer noch eine zusätzliche Sicherheit haben möchte, der schließt die Mauer mit einem 20 cm nach innen ragenden Abschlußblech ab, das auf der Mauer angedübelt und anschließend verputzt wird. Ferner hat man aber auch die Möglichkeit, rundherum Winkel von innen anzudübeln und darauf eine Plexiglasscheibe anzuschrauben. Das hat den Vorteil, daß man überall hineinsehen kann.

Will man den Boden auch aus Beton herstellen, ist es vorteilhaft, ein darunter liegendes **Wasserauffangbecken** einzuplanen. Es besteht aus einem aus Beton gegossenen Schacht von mindestens 40 cm x 40 cm x 50 cm (L x T x H) Größe, der mit einer Platte verschlossen wird. In den Deckel schneidet man eine Öffnung, die mit einem Alu- oder Zinklochblech abgedeckt wird. In dem Schacht installiert man eine Pumpe mit Schwimmerschalter, die überschüssiges Wasser aus der Anlage herauspumpt.

Will man einen **Teich** in die Anlage integrieren, so kann man über einen Überlauf das überschüssige Wasser in den Schacht leiten. Eine andere Möglichkeit ist ein Kreislauf in Verbindung mit einem Bachlauf oder Wasserfall. Der Ablauf zur Pumpe muß hierbei unterhalb der Wasseroberfläche liegen, da die Pumpe sonst den Schacht sofort leerpumpen würde. Dabei müssen die Rohre so groß gewählt werden, daß immer genügend Wasser zur Pumpe zurücklaufen kann.

Damit man auch hier überschüssiges Wasser nach langanhaltenden Regenfällen abpumpen kann, wird in den Ablaufschlauch der Pumpe ein T-Stück eingesetzt, dessen Ausgänge mit jeweils einem Absperrventil versehen werden. Ein Schlauch führt zum Wasserfall, der andere aus der Anlage heraus. Sperrt man nun den Schlauch zum

Als Schutz gegen kleine Raubtiere kann man einen elektrischen Weidedraht auf die Umzäunung der Freilandanlage setzen.

Wasserfall ab, kann man das überschüssige Wasser nach außen pumpen. Während des Betriebes sperrt man den Schlauch nach außen ab und benutzt den Bachlauf.

Die Konstruktion ist jedoch störanfällig, was bedeutet, daß bei Gewitterwarnung jemand im Haus sein muß, um die Schalter rechtzeitig umzulegen. Sicherer ist es daher, eine tiefere Sickergrube anzulegen und eine zweite, höher gelegene Pumpe einzubauen. Diese ebenfalls mit Schwimmerschalter ausgestattete Pumpe hat die Aufgabe, das Wasser aus der Anlage zu herauszupumpen, sobald es die vorgegebene Höchstmarke überschreitet.

Die ebenerdige Anlage

Die ebenerdige Anlage ist wohl die gebräuchlichste Form eines Freilandterrariums. Auch hierbei benötigt man eine sichere Absperrung, die je nach Tierarten in der Höhe und in der Tiefe (im Boden) variieren muß. Als zusätzliche Sicherheit gegen das Eindringen von kleinen Raubtieren kann man auf die Umfriedung noch einen elektrischen Weidezaun setzen.

Eine Kombination aus verschiedenen Abgrenzungsmaterialien ist möglich. So können drei Seiten aus Holz, Stein oder PVC-Platten hergestellt werden und die Vorderseite, von der aus man

An einem Gartenteich kann man einen Wasserfall oder einen künstlichen Bachlauf anlegen.

die Tiere beobachten möchte, aus durchsichtigem Plexiglas oder Glas.

Vorteilhaft ist es, das Freilandterrarium an ein Gewächshaus oder Wohngebäude anzulehnen. Noch besser ist die Lage zwischen zwei Häusern. Durch das günstigere Klima zwischen den wärmeren Gebäuden, vor allem im Winter, können teilweise selbst mediterrane Eidechsen dort ohne zusätzliche Heizung gepflegt werden. Bei allen Anlagen muß aber immer dafür gesorgt sein, daß die Tiere einen trokkenen und winterfesten Unterschlupf vorfinden.

Für die Haltung von mediterranen Tieren kommt es zudem sehr auf die Lage an, in der die Anlage erstellt wird. In den meisten Fällen muß man eine Kombination aus reiner Freilandhaltung und geschlossener Anlage anbieten. Großterrarien oder Gewächshäuser können gleichzeitig als Sommerquartiere genutzt werden. Ideal sind zum Beispiel die käuflichen Frühbeete. Man kann sich aber auch selbst eine derartige Anlage bauen, zum Beispiel aus einem Alu-Stecksystem.

Der Garten als Freilandanlage

In vielen Gebieten wird man nicht viel Aufwand betreiben müssen, um unsere einheimischen Amphibien- und Reptilienarten im Garten anzusiedeln. Allerdings sind es in erster Linie die Amphibien, die sich an einem **Gartenteich** von selbst einfinden. Wir empfehlen dafür den Bau eines Folienteiches. Über das Anlegen gibt es hervorragende Literatur, so daß wir an dieser Stelle auf eine Vorstellung verzichten wollen. Über eine Pumpe kann man einen Wasserfall oder Bachlauf betreiben. Es ist immer vorteilhafter, wenn eine gewisse Wasserbewegung stattfindet.

Viele Amphibien kommen jedoch nur zur Fortpflanzungszeit ans Wasser und legen dabei weite Strecken bis zu ihren Lebensräumen zurück. Ein wichtiger Gesichtspunkt sind auch hier wieder die entsprechenden Überwinterungsquartiere. Der Garten sollte dicht bepflanzt sein, und an sonnenexponierten Plätzen kann man eine Legsteinmauer, die ein gutes Stück ins Erdreich eindringt, aufbauen. Wenn einmal in einem Teich Amphibien abgelaicht haben, wird man in der Regel jedes Jahr damit rechnen können, daß einige Tiere wiederkommen.

Das Freilandterrarium zur Pflege europäischer Landschildkröten

Da viele Terrarianer europäische Landschildkröten im Garten pflegen, wollen wir auf die wohl am häufigsten gebaute Freilandanlage etwas näher eingehen. Im Prinzip besteht kein großer Unterschied zu anderen ebenerdigen Anlagen.

Die Freilandanlage ist der ideale Ort für die Haltung und Zucht von Landschildkröten aus den gemäßigten Klimaten. Mit einem geringen Aufwand ist es möglich, zumindest die europäischen Arten (*Testudo graeca*, *Testudo hermanni*, *Testudo (Agrionemys) horsfieldii* und *Testudo marginata*) ganzjährig zu pflegen, und selbst tropische Arten lassen sich während der warmen Tage problemlos im Freien halten.

Der **Standort** der Anlage muß sorgfältig ausgewählt werden. Es sollte möglichst der wärmste Platz im Garten sein, nicht zu windig und mit möglichst langer Sonneneinstrahlung. Gerade für Landschildkröten gilt, daß die Anlage nie zu groß sein kann. Bei geschickter Gestaltung reichen zwar bereits 10 m^2 für eine kleine Gruppe aus, die aus einem Männchen und zwei Weibchen besteht. Will man jedoch, daß die Landschildkröten sich überwiegend selbst ernähren, so benötigen sie bereits eine Grundfläche von mindestens 30 m^2.

Zur Abgrenzung gilt das bereits Gesagte. Nur wollen wir hier daran erinnern, daß fast alle Landschildkröten hervorragende Kletterer sind. Ist die Umzäunung recht rauh, wie zum Beispiel unverputztes Mauerwerk, sollte sie auf jeden Fall mit einer nach innen überhängenden Blende ausgestattet sein. Auch das Grabevermögen der

Freilandanlage zur Zucht europäischer Landschildkroten.

Schildkröten sollte man nicht unterschätzen. Die Umfriedung muß bei einer reinen Sommerpflege und anschließender Überwinterung im Haus etwa 30 cm tief in den Boden eingelassen sein und bei Überwinterung im Freien sogar einen Meter.

Gerade bei der Landschildkrötenpflege ist es sehr wichtig, daß für eine ausreichende **Drainage** gesorgt wird, damit das Gehege beim nächsten heftigen Regenfall nicht unter Wasser steht. Die Terrarienlandschaft wird durch die Anhäufung eines großen, lockeren Sandhügels gestaltet. Es ist sehr wichtig, daß sich die nach Süden zeigende Seite in ihrer Konsistenz vom übrigen Boden unterscheidet, denn sie wird von den Weibchen bevorzugt als Eiablageplatz angenommen. Auch darf man niemals **Schattenplätze** in Form von dichten Büschen vergessen, unter denen die Schildkröten der Mittagshitze entgehen können. Auf eine aufwendige und kostbare Bepflanzung sollte man lieber verzichten, da viele Pflanzen von den Schildkröten gefressen oder zumindest stark beschädigt werden.

Wichtigster Einrichtungsgegenstand, insbesondere wenn man die Tiere im Garten überwintern will, ist ein nach drei Seiten geschlossenes **Schutzhäuschen**. Hier finden die Schildkröten

Schutz bei Schlechtwetterperioden, und hier verbergen sie sich für die Winterruhe. Die Grundfläche sollte etwa 60 cm x 60 cm groß sein. Darunter muß der Boden etwa 1,3 m tief ausgehoben werden, wovon 0,3 m auf eine Drainageschicht aus großen Kieseln entfallen. Die Seitenwände des ausgehobenen Schachtes und der Boden werden nun mit einer sehr festen, aber groben Gaze gegen das Eindringen von Nagern aller Art gesichert. Dann füllt man die Grube mit einer 0,8 m starken Schicht aus lockerem Laub-Sand-Gemisch. Den Abschluß bildet eine 0,2 m hohe Schicht aus einem Laub-Stroh-Gemisch, in das sich die Tiere auch nachts zurückziehen können.

Haben sich die Landschildkröten zur **Überwinterung** in ihre Hütte verkrochen, werden sämtliche Hohlräume mit Laub und Stroh ausgestopft. Anschließend wird der Eingang mit grobem Draht gegen das Eindringen von Nagern gesichert.

Soll die Hütte lediglich als Nachtquartier und zum Überdauern kurzer Schlechtwetterperioden im Sommer dienen, so reicht es, wenn sie etwa 30 cm tief in den Boden eingelassen wird. Der Ausgang des Schutzhäuschens sollte möglichst in südöstliche Richtung zeigen, damit die ersten warmen Morgensonnenstrahlen die Tiere wecken und aus der Hütte locken.

Das Gewächshaus

Es gibt zwei verschiedene Gewächshaustypen: das angelehnte und das freistehende Gewächshaus. In bezug auf die Tierpflege unterscheidet man zwischen der Nutzung des ganzen Gewächshauses als Terrarium und der Aufstellung von einzelnen Terrarien. In jedem Fall müssen Fenster oder andere Öffnungen durch Drahtgaze gegen den Ausbruch von Tieren gesichert werden. An den Eingang sollte sich ein Vorraum anschließen, damit freilaufende Tiere nicht entweichen können und im Winter keine kalte Luft in das Gewächshaus strömen kann.

Als Großterrarium sind Gewächshäuser hervorragend geeignet, wobei die Einrichtung als **Regenwaldterrarium** die optisch schönste und interessanteste darstellt. Es ist immer ein Erlebnis, die Tiere nicht im Terrarium, sondern frei im Gewächshaus zu beobachten. Die **Bepflanzung** kann in Abschnitten erfolgen. Den Boden bedecken kleinbleibende Gewächse (zum Beispiel Farne und Ranken), während man an die Seiten und in den Hintergrund höher werdende Pflanzen stellt. Dicke Stämme werden mit Epiphyten bepflanzt.

Ein Teich aus Teichfolie oder aus Beton vervollständigt den Ausschnitt eines Regenwaldes. Einige Natursteinplatten werden als Trittflächen auf dem Boden verlegt. Eine **Sprühanlage** ist für die Wasserversorgung der Pflanzen und für eine hohe Luftfeuchtigkeit unbedingt notwendig. Allerdings muß man bei der Anordnung der Düsen darauf achten, daß auch alle Pflanzen erreicht werden.

Zum Betreiben der Sprühanlage bietet sich das Auffangen von Regenwasser an, das in großen Fässern gesammelt werden kann. Die Fässer müssen in einem frostfreien Raum untergebracht werden. Der Vorraum ist dazu gut geeignet, da hier nahezu die gleiche Temperatur wie im Gewächshaus herrscht. Für eine regenarme Periode muß ein Wasseranschluß im Vorraum vorhanden sein. Bei dem Verlegen der Rohrleitung ist auf gute Isolierung zu achten. Das Rohr muß mindestens einen Meter tief in die Erde verlegt werden, so daß es auch in der kältesten Zeit immer frostfrei bleibt. Das Wasser wird aber niemals unmittelbar der Leitung entnommen, sondern immer einem temperierten Faß.

Die Sprühanlage kann mit einer Tauchpumpe betrieben werden. Wenn man die Anlage über ein Hygrometer steuert, kann man die relative Luftfeuchtigkeit ziemlich konstant halten. Besser ist es, wenn man diese Steuerung auf die Nacht beschränkt, da es sonst geschehen kann, daß man tagsüber plötzlich im Regen steht. Am Tage reicht ein sporadisches Einschalten mit Hilfe einer Zeitschaltuhr völlig aus.

Damit das Gewächshaus nicht überflutet wird, verlegen wir an seinen Innenseiten eine **Drainageschicht**, die aus oben perforierten Abflußrohren oder speziellen Drainagerohren bestehen kann, die mit einer Schicht von grobem Kies abgedeckt werden. Die Rohre liegen etwa 0,5 m unterhalb des Bodens und weisen zum Vorraum hin ein Gefälle auf. Hier läuft das Wasser in einem Auffangbecken zusammen. Über eine Tauchpumpe mit Schwimmerschalter wird das Wasser nach außen gepumpt oder in das Wasserfaß für die Sprühanlage gefüllt.

Für den **Sprühanlagenbetrieb** muß das Wasser über einen Feinfilter gereinigt werden. Grober Schmutz wird dadurch vermieden, daß die Pumpe über dem Boden des Auffangbeckens steht. In regelmäßigen Abständen muß der Boden allerdings auch gesäubert werden. Als Feinfilter genügt eine kleine Plastikwanne, die über dem Faß befestigt wird. In die Wanne werden einige Lagen Filtermaterial (im Zoofachhandel erhältliche Perlonwatte) gelegt und in den Boden ein Abflußloch geschnitten.

Ein freistehendes Gewächshaus kann überall aufgebaut werden. Es bestehen allerdings je nach Bundesland unterschiedliche Baurichtlinien. Je nach Größe muß eine Genehmigung beantragt werden. Hier sollte man sich auf jeden Fall vorher mit dem zuständigen Bauamt in Verbindung setzen. Daß von

Inneneinrichtung eines Gewächshauses mit Beregnungsanlage.

den technischen Möglichkeiten her nach oben fast keine Grenzen gesetzt sind, zeigen die riesigen Gewächshäuser des Burgers Zoo in Arnheim.

Natürlich bietet sich ein Gewächshaus auch für ein **Wüstenterrarium** an. Hier werden oftmals große tropische Landschildkröten gepflegt.

Das Anlehngewächshaus muß an einer bestehenden Wand gebaut werden und ist damit bereits zu einer Seite isoliert. Für ein Großterrarium kann man diese Wand als Felswand herrichten. Aber auch als Stellfläche für Einzelterrarien kann sie genutzt werden.

Es ist ratsam, jedes Gewächshaus auf ein festes **Fundament** zu stellen. Das kann sowohl ein Streifenfundament (eine in die Erde reichende Mauer) sein als auch eine geschlossene Betonplatte, die den Vorteil hat, daß keine Mäuse oder Ratten eindringen können. Aus diesem Grund muß ein Streifenfundament auch mindestens 50 cm tief in den Boden reichen.

Bei einem der Autoren wurde eine Gruppe von *Anolis* durch Spitzmäuse dezimiert. In diesem Fall befanden sich die *Anolis* in einem abgetrennten Teil eines Gewächshauses, das als Terrarium hergerichtet war. Der Boden des Gewächshauses war nicht **betoniert**, und das Terrarium reichte bis zur Erde. Die Mäuse gelangten durch einen Heizungsschacht in das Gewächshaus und gruben sich von dort in das Terrarium. Da das Terrarium sehr dicht bepflanzt war, hatten sie zahlreiche Versteckmöglichkeiten. Durch das eingebrachte Futter (Grillen, Heimchen) konnten sich die Mäuse ernähren und blieben lange Zeit unentdeckt. Erst als sie sich vermehrt hatten und über die *Anolis* herfielen, wurde das Ausmaß des Befalls sichtbar.

Den wichtigsten und auch schwierigsten Punkt bei der Pflege von Amphibien und Reptilien im Gewächshaus oder Wintergarten stellt das „Klima" dar. So ist im Sommer wegen der großen Gefahr der **Überhitzung** immer für ausreichende Frischluft zu sorgen, im Winter dagegen ein großer Aufwand an **Heizung** nötig. Alle Heizungstypen weisen gewisse Nachteile auf und sind im Unterhalt recht teuer. Elektroheizungen und Ölradiatoren zum Beispiel benötigen große Energiemengen. Die Ölgebläseöfen dagegen nehmen viel Platz ein und verursachen eine sehr trockene Luft. Die ideale Lösung stellt daher ein Anschluß an die vorhandene Hausheizung dar. Hierfür muß aber eine separate Pumpe und eine getrennte Steuerung vorhanden sein. Ein eingebauter Thermostat überwacht die Temperatur. Daß die Zuleitungsrohre tief in den Boden gelegt und sehr gut isoliert sein müssen, versteht sich eigentlich von selbst.

Eine **Mehrfach-Verglasung** sollte bereits beim Bau des Gewächshauses eingeplant werden. Am besten bewährt haben sich allerdings Doppel- und Dreifachsteg-Plexiglasplatten. Sie lassen sich besser verarbeiten als Glas, sind für einen Teil des natürlichen UV-Lichts durchlässig und isolieren besser. Leider sind sie in der Anschaffung auch etwas teurer.

Um im Winter Energie zu sparen, bedeckt man das gesamte Gewächshaus zusätzlich mit einer klaren **Noppenfolie**. Zwischen Gewächshaus und Folie muß jedoch ein Abstand von einigen Zentimetern eingehalten werden. Das kann man erreichen, indem man einige Dachlatten unter der Folie schräg über das Gewächshaus legt. Die Folie muß gut befestigt werden, damit sie nicht beim ersten Sturm davongeweht wird.

Lüftungsfenster oder -klappen müssen in ausreichender Anzahl vorhanden sein. Am besten ist es, ein oder zwei große Fenster mit einem automatischen Fensteröffner auszustatten. Die Fensteröffner werden sowohl thermostatgesteuert mit Motor, als auch mechanisch betrieben mittels Bimetall oder einer Flüssigkeit, die ihr Volumen in Abhängigkeit von der Temperatur ändert, angeboten. Ein Fensterlüfter bläst die nötige Frischluft hinein und sorgt für eine gute Luftumwälzung.

Ebenfalls darf niemals eine gute Schattierung durch unter die Decke gespannte, verschiebbare Stoffbahnen fehlen. Auch hier gibt es schon vollautomatische Schattierungen.

Der Wintergarten

Ein Wintergarten ist ein Stück Lebensqualität, in dem man Natur und Wohnen in Einklang zu bringen versucht. Da Wintergärten immer direkt an das Wohnhaus angebaut werden, plant man sie am besten bereits beim Hausbau mit einem festen Fundament ein. Auch die Decke eines zusätzlichen Kellerraumes kann als Boden für einen Wintergarten benutzt werden.

Die Gestaltungsmöglichkeiten sind nahezu unbegrenzt. So kann man zum Beispiel einen gemauerten Teich in den Wintergarten mit einbeziehen, in dem man sowohl tropische Fische als auch alle anderen im Wasser lebenden tropischen Tiere pflegen kann. Dies ist es nur eine Frage der Phantasie und des nötigen Kleingelds.

Wenn das **Fundament** fertig ist, bringt man an seinem Innenrand eine Isolierung an, damit keine Kältebrücke zum eigentlichen Boden des Wintergartens entsteht. Auch alle Außenwände müssen eine gute **Isolierung** aufweisen. Mauert man nur eine halbe Wand, um darauf ein Fenster einzubauen, darf die Fensterbank nicht von außen nach innen reichen. Eine durchgehende Fensterbank stellt nämlich eine gut leitende Kältebrücke dar. An der Isolierung darf auf keinen Fall gespart werden. Deshalb fragt man auch nicht nur einen Anbieter. Noch besser ist es, mit den Besitzern anderer vergleichbarer Wintergärten über deren Erfahrungen zu sprechen.

In den seltensten Fällen ist ein Wintergarten zu hoch, wohl aber häufig zu niedrig gebaut. Wer ein angenehmes Klima erreichen will, sollte die Höhe entsprechend wählen; große Pflanzen stoßen in niedrigen Wintergärten sehr bald an das Dach.

Als Heizung hat sich eine an die Warmwasserhausheizung angeschlossene **Fußbodenheizung** bewährt. Für den Wintergarten muß jedoch eine separate Steuerung, Pumpe und Mischbatterie vorhanden sein. Die Vorlauftemperatur wird über einen Thermostat gesteuert. Am besten verlegt man zwei getrennte, unabhängige Kreisläufe. Während ein System den gesamten Wohnbereich des Wintergartens erwärmt, ist das andere im Boden des Terrariums verlegt. Durch verschiedene Abstände beim Verlegen der Heizungsschläuche können verschiedene Temperaturbereiche geschaffen werden. Für diese Arbeit gibt es vorgefertigte Böden, in die die Schläuche nur noch eingelegt werden müssen. Bei allen Arbeiten sollte man aber unbedingt einen Heizungsbaufachmann zu Rate ziehen.

Gestaltung eines Wintergartens.

Genauso wichtig wie die Heizung ist die Belüftung. Bei nicht ausreichender Lüftung wird man immer wieder Schwitzwasser an der Decke und an den Wänden entdecken. Ein von einem automatischen Fensteröffner gesteuertes Dachfenster sollte unbedingt vorgesehen werden. Es ist gerade in den Übergangsmonaten sehr hilfreich, da diese Zeit am gefährlichsten in bezug auf Überhitzung ist. Auch installierte Lüfter, die über einen Thermostat gesteuert werden, saugen die warme Luft im oberen Bereich ab, so daß der Wintergarten nicht zu leicht überhitzt wird. In den Sommermonaten muß man einige Fenster und Türen öffnen können. Wegen der Bodenheizung sollte der Raum unbedingt gefliest sein.

Terrarien, die wir im Wintergarten aufstellen, sollten auf jeden Fall aus nichtrostendem Material gefertigt sein. Holz ist denkbar ungeeignet. Die durch Pflanzen, Teich oder Wasserfall hervorgerufene, ständig hohe relative Luftfeuchtigkeit greift das Material stark an. Für größere Terrarienbauten eignet sich das bereits genannte Alu-Stecksystem sehr gut. Es ist von der Handhabung her einfach, rostet nicht und sieht gut aus. Kleinere Terrarien können auch aus Glas geklebt sein. In einem Aquarium nimmt wegen der Lichtverhältnisse der Algenwuchs leicht überhand.

Wintergarten mit dem auf den Seiten 67 bis 71 vorgestellten Terrarium.

Die Pflege von Wasserschildkröten auf dem Balkon

Wohl die Mehrzahl der Terrarianer verfügt über keinen eigenen Garten und verbringt die warme Jahreszeit auf dem Balkon. Sehr häufig haben aber auch sie den Wunsch, ihre Freizeit dort inmitten ihrer Tiere zu gestalten. Dazu gibt es eine ganze Reihe von Möglichkeiten, seinen Balkon in ein „Freilandterrarium" oder in einen „Gartenteich" zu verwandeln.

Wir wollen hier die schönste Variante, entwickelt von Herrn Henry Müller, Pforzheim, kurz vorstellen. Herr Müller pflegt und züchtet seit etlichen Jahren folgende Schildkrötenarten in einer derartigen Anlage: *Clemmys guttata*, *Chrysemys picta belli* und *Graptemys* pseudogeographica.

Wir wollen aber nicht verschweigen, daß die Anlage mit einem enormen Aufwand an Technik betrieben wird, die aber so hervorragend funktioniert, daß die Tiere sogar auf dem Balkon überwintert werden können. An beiden Seiten des Balkons befindet sich jeweils ein großes, mit 200 l Wasser gefülltes Aquarium, das zusätzlich mit einem ausbruchsicheren Landteil ausgestattet ist, der der Eiablage und den Sonnenbädern der Schildkröten dient. Entlang der Front des Balkons ist eine

Anlage zur Pflege von Wasserschildkröten auf dem Balkon.

Reihe großer, üppig mit Sumpfpflanzen bewachsener Balkonkästen angebracht. Alle Kästen und Aquarien sind durch Schläuche miteinander verbunden. Über den Landteilen befinden sich große Strahler, die bei Bedarf vollautomatisch zugeschaltet werden.

Im folgenden wollen wir die Steuerung der Anlage darstellen. Die gesamte verwendete **Elektronik** ist aus den im Versandhandel erhältlichen Elektronikbausätzen zusammengestellt worden, die auch für Laien ohne größere Schwierigkeiten zusammenzusetzen sind. Wer jedoch ein absoluter Anfänger auf diesem Gebiet ist, sollte in jedem Falle die Hilfe eines Fachmannes in Anspruch nehmen. Auch sind die allgemeinen Vorsichtsmaßregeln unbedingt zu beachten, da die Kombination von Strom und Wasser eine tödliche Gefahr darstellen kann. So sollten zum Beispiel nur Geräte verwendet werden, die für den Außenbereich zugelassen sind und das VDE-Zeichen tragen.

Die Versorgung der Bausätze mit der erforderlichen Spannung von 12 Volt (Gleichstrom) erfolgt mit einem Netzteil. Beim Kauf ist unbedingt darauf zu achten, daß es stark genug ist, den Strombedarf sämtlicher Bausätze bei angezogenem Relais zu decken.

Die Heizungssteuerung erfolgt mittels eines fertig erhältlichen Temperatur-Zeit-Moduls und eines dazu passenden Scanners mit Schaltstufen. Das Modul ist in der Lage, bis zu vier Meßstellen in vorgegebener Zeitfolge (eine Sekunde bis zu zehn Sekunden) abzufragen und bei Unter- oder Überschreitung einer vorgegebenen Temperatur die Heizstäbe ein- und auszuschalten. Auf diese Weise wird die Heizung in beiden Becken so gesteuert, daß sie im

Winter eisfrei bleiben (4 °C) und in den Monaten Mai bis September auf einer Temperatur von mindestens 15 °C gehalten werden. Somit ist ein optimales Wachstum der Schildkröten während der Sommermonate gewährleistet. Da das Wasser im Sommer bei kühlerem Wetter nur auf 15 °C erwärmt wird, benötigen die Schildkröten natürlich einen Sonnenplatz, um ihre Vorzugstemperatur erreichen zu können. Anderenfalls riskiert man leicht eine Lungenentzündung der Tiere.

Mittels eines Temperaturschalters und dreier Dämmerungsschalter läßt sich auch dieses Problem lösen. Der **Temperaturschalter** gibt die Temperaturschwelle vor, über der die Bestrahlung erfolgen soll. Das ist jedoch erst ab einer Lufttemperatur von 10 °C sinnvoll, da die Tiere sonst von Natur aus auch eher inaktiv sind.

Oberhalb dieser Temperatur werden die nachfolgenden **Dämmerungsschalter** aktiviert: Schalter 1 erkennt eine vorgegebene Helligkeit (morgens), ab der die Beleuchtung eingeschaltet wird, und eine (abends), ab der sie wieder erlischt. Von Schalter 1 wird pro Becken ein weiterer Dämmerungsschalter angesteuert. Dieser schaltet, wenn auf die am Sonnenplatz der Schildkröten angebrachte Fotozelle ein Sonnenstrahl trifft, die Bestrahlungslampen wieder ab. Somit ist gewährleistet, daß die Lampen bei natürlichem Sonnenlicht nicht unnötig brennen.

Natürlich produzieren die Wasserschildkröten eine enorme Menge an Abfallstoffen, die das Wasser gerade im Sommer stark belasten. Zur **Filterung** der mit bis zu acht Schildkröten besetzten Becken wurden daher Balkonblumenkästen einer Gesamtlänge von 6 m (6 x 1 m) angeschlossen. Dieses Volumen hat sich im Laufe der Zeit als ausreichend erwiesen. Die Kästen sind mit Blähton gefüllt und mit einheimischen Sumpfpflanzen besetzt. Geeignete Pflanzen sind: Schwertlilie (*Iris pseudacorus*), Kalmus (*Acorus calamus*), Froschlöffel (*Alisma* sp.), Wasserminze (*Mentha aquatica*), Pfennigkraut (*Lysimachia* sp.).

Die einzelnen Balkonkästen wurden durch im Baustoffhandel erhältliches, 40 mm starkes PE-Installationsrohr miteinander und mit den Aquarien so verbunden, daß ein Gefälle entstand. Mit nur einer Pumpe werden beide Aquarien nun gefiltert. Dafür wird das Wasser aus Becken 1 abgesaugt und in die Filteranlage geleitet, fließt von da aus in Becken 2 und gelangt nun in Aquarium 1 zurück.

Ein erwünschter Nebeneffekt der Filtermethode ist, daß die Filterkästen als Wärmesammler (ähnlich Solarkollektoren) fungieren, wenn die Außentemperatur höher als die des Wassers ist. Natürlich kehrt sich der Effekt bei umgekehrten Temperaturverhältnissen ins Gegenteil. Daher mußte eine Schaltung installiert werden, die ständig die

Außentemperatur mit der Beckentemperatur vergleicht und die Filterung nur dann in Betrieb nimmt, wenn die Außentemperatur um etwa 2 °C über der Beckentemperatur liegt. Genau das regelt der Bausatz „Temperaturdifferenzschaltung" aus der Solartechnik. Das regelmäßige Trockenfallen der Filterkästen (zum Beispiel nachts oder bei Schlechtwetterperioden) schadet weder den Sumpfpflanzen noch den Filterorganismen, da der Blähton genügend Feuchtigkeit für ihr Gedeihen bindet.

Da die Filterung an heißen Sommertagen täglich bis zu 8 l Wasser verbraucht (Verdunstung, Pflanzen), wurde es erforderlich, einen **Wasserausgleichsbehälter** von etwa 50 l Inhalt zu installieren. Mittels Pegelschalter in Becken 1 wird der eingestellte Wasserstand ständig durch je eine Füll- und Lenzpumpe gehalten. Um ein Trockenlaufen der Füllpumpe bei leerem Vorratsbehälter zu vermeiden, wurde zur Sicherheit ein weiterer Pegelschalterbausatz installiert, der durch Erlöschen der Leuchtdiode rechtzeitig anzeigt, daß der Wasservorrat im Vorratsbehälter zu Ende geht.

Hinzuzufügen wäre noch, daß während des Winters selbstverständlich weder Licht- noch Wassersteuerung und Filteranlage in Betrieb sind. Die Schläuche werden entleert, um Frostschäden zu vermeiden, und die Filterkästen durch gelegentliches Gießen vor dem Austrocknen bewahrt.

Nur die **Heizungssteuerung** bleibt ganzjährig in Betrieb. Bei gut isolierten Becken reicht eine Heizleistung von 150 W völlig aus, um ein 200-l-Aquarium eisfrei zu halten. In extrem kalten Winternächten kann die Isolierung durch auf der Wasseroberfläche schwimmende Styroporstücke noch erhöht werden.

Durch die äußerst effektive Filterung gelang es, den **Nitratgehalt** im Verlauf des Jahres ohne Wasserwechsel auf unter 50 mg/l zu halten. Es wurde lediglich das verdunstete Wasser ergänzt, wobei sich interessanterweise Salzgehalt und Leitfähigkeit kaum veränderten. Offenbar wird der Überschuß durch die stark wuchernden Sumpfpflanzen aufgenommen, die auch regelmäßig ausgelichtet werden müssen, um eine Verstopfung der Filterkästen zu verhindern.

Terrarientechnik

Technische Hilfsmittel sind aus der heutigen Terraristik nicht mehr wegzudenken. Sie reduzieren die täglich anfallenden Arbeiten im Terrarium auf das Füttern und die Reinigung. Dadurch verschaffen sie dem Pfleger die nötige Unabhängigkeit, ein paar Tage zu verreisen, ohne daß jemand täglich nach den Tieren schauen muß, und lassen ihm viel Zeit zu ihrer Beobachtung.

Übersichtliche Installation einer Elektroanlage.

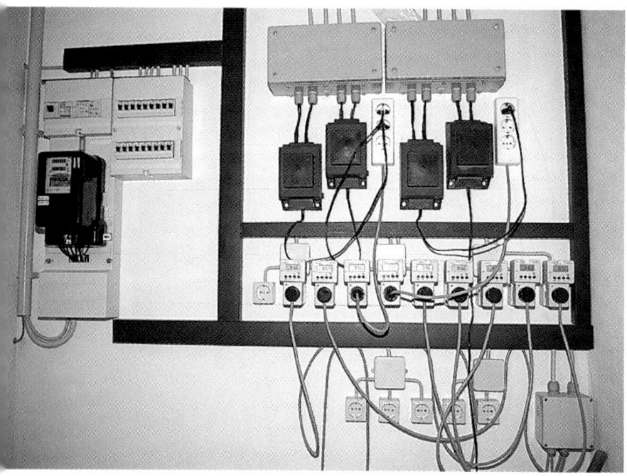

Die Sicherheit elektrischer Anlagen

Elektrische Geräte sind die Grundlage der Terrarientechnik. Häufig werden elektrische Betriebsmittel eingesetzt, ohne daß sich der Terrarianer Gedanken über ihre Sicherheit macht. Die Folgen können von einem Kurzschluß über einen Zimmerbrand bis hin zu einem tödlichen Stromschlag reichen. Doch vorab wollen wir die gesetzliche Seite beleuchten:

Beim Betrieb elektrischer Anlagen gilt in erster Linie die Verordnung über allgemeine Bedingungen für die Elektrizitätsversorgung von Tarifkunden des Bundesministers für Wirtschaft (kurz VDE). Diese Vorschriften kann man vom VDE-Verlag in Berlin beziehen. Wir geben hier einige Auszüge wieder, die für den Terrarianer besonders wichtig sind:

§ 12, Absatz 2: „Die Elektrizitätsanlagen dürfen außer durch das Elektrizitätsunternehmen nur durch einen in einem Installateurverzeichnis eines

Elektrizitätsversorgungsunternehmen eingetragenen Installateur und nach den anerkannten Regeln der Technik errichtet, erweitert und unterhalten werden. Das Elektrizitätsversorgungsunternehmen ist berechtigt, die Ausführung der Arbeiten zu überwachen."

§ 12, Absatz 4: „Es dürfen nur Materialien und Geräte verwendet werden, die entsprechend dem in der europäischen Gemeinschaft gegebenen Stand der Sicherheitstechnik hergestellt sind. Das Zeichen einer amtlich anerkannten Prüfstelle (zum Beispiel VDE-Zeichen, GS-Zeichen) bekundet, daß diese Voraussetzung erfüllt sind."

§ 14, Absatz 1: „Das Elektrizitätsversorgungsunternehmen ist berechtigt, die Anlagen vor und nach ihrer Inbetriebsetzung zu überprüfen. Es hat den Kunden auf erkannte Sicherheitsmängel aufmerksam zu machen und kann deren Beseitigung verlangen."

§ 14, Absatz 2 : „Werden Mängel festgestellt, welche die Sicherheit gefährden oder erhebliche Störungen erwarten lassen, so ist das Elektrizitätsversorgungsunternehmen berechtigt, den Anschluß oder die Versorgung zu verweigern, bei Gefahr für Leib oder Leben ist es hierzu verpflichtet."

§ 15, Absatz 1: „Anlage und Verbrauchsgeräte sind so zu betreiben, daß Störungen anderer Kunden und störende Rückwirkungen auf Einrichtungen des Elektrizitätsversorgungsunternehmens oder Dritter ausgeschlossen sind."

Bei allen elektrischen Arbeiten muß man daher grundsätzlich einen Fachmann zu Rate ziehen. Das soll natürlich nicht davon abhalten, eine Terrarienanlage mit elektrischen Geräten auszurüsten. Es müssen jedoch einige Grundvoraussetzungen beim Betreiben von Terrarien erfüllt werden.

1. Die Versorgungsleitung muß über einen Fehlerstrom-Schutzschalter (FI-Schalter) abgesichert werden. Hierfür wählt man einen Schalter für Feuchträume mit dem geringsten Auslösestrom (beispielsweise 30 mA). Es gibt FI-Schalter, die bereits in eine Steckdosenleiste eingebaut worden sind, und andere, die in Elektroverteilerkästen installiert werden müssen. Wer die Möglichkeit hat, vom Sicherungskasten eine eigene Zuleitung zur Terrarienanlage zu legen, sollte davon immer Gebrauch machen. Die Aufgabe des Fehlerstromschutzschalters ist es, bei einem „Fehlerstrom" (gemeint ist, daß der Strom nicht mehr über das Kabel zurückfließt, sondern beispielsweise über einen menschlichen Körper „fehlgeleitet" wird) die Versorgungsleitung zu unterbrechen.

2. Alle Metallteile der Terrarienanlage (Rahmen, Gestelle, Metallgehäuse, Reflektoren) sind zu erden. Zu dem Zweck werden sie mit einem leitend angebrachten Kabel (an nicht lackierter, blanker Stelle angeschraubt oder angelötet) mit dem Erdleiter des elektrischen Anschlusses verbunden. Bei einer größeren Terrarienanlage ist die eleganteste Lösung, alle Erdleiter mit einer sogenannten Potentialausgleichschiene zu verbinden, die ihrerseits an die Erdschiene des Sicherungskastens angeschlossen wird. Diese Arbeit darf nur ein Fachmann vornehmen!

   Durch die Erdung werden Spannungsdifferenzen zwischen den verschiedenen Bauteilen verhindert, die sich bei Berührung unangenehm bemerkbar machen könnten. Die Vorteile des FI-Schalters kommen erst durch die Erdung voll zur Geltung, da er bei einem durch einen Defekt hervorgerufenen Kontakt von spannungsführenden mit geerdeten Teilen sofort anspricht und die Stromzufuhr unterbricht. Die Erdung allein würde nur dann zur Stromunterbrechung führen, wenn ein so hoher Strom fließt, daß die als Überlastungsschutz dienende Sicherung ausgelöst wird. Vor einem Stromschlag wären Sie hier nicht unmittelbar geschützt!
3. Wenn die Möglichkeit besteht, sollte man die Zuleitung der Terrarienanlage über eine zusätzliche eigene Sicherung absichern, die als Überlastungs- und Kurzschlußschutz dient. Eine genaue Berechnung der Sicherungsgröße (Auslösestrom in Ampere) muß durch einen Fachmann vorgenommen werden.
4. Der Querschnitt des Zuleitungskabels (angegeben in mm^2) muß entsprechend der Leistung der im Terrarium installierten Verbraucher ausgelegt sein. Hierbei sind alle angeschlossenen elektrischen Geräte zu berücksichtigen. Die Leistung der Geräte wird in Watt oder Kilowatt angegeben. Je größer die Leistung ist, desto größer ist auch der Strom, der durch das Kabel fließt. Wenn der Kabelquerschnitt zu klein gewählt worden ist, erwärmt sich das Kabel, und es kann zu einem Kabelbrand kommen. Hier muß auf jeden Fall ein Fachmann zu Rate gezogen werden.
5. Alle elektrischen Geräte sollten in ihrem Originalzustand belassen werden. Die Gewährleistung des Herstellers erlischt genauso wie der Versicherungsschutz, wenn

man elektrische Geräte demontiert oder nicht sachgemäß benutzt. Es gibt einige Ausnahmen (zum Beispiel Bausätze), die aber von einem Fachmann verlegt oder abgenommen werden müssen.

Zeitschaltuhren

Eine Zeitschaltuhr schaltet Licht, Heizung und die Sprüh- oder Nebelanlage zur gewünschten Zeit ein und aus. Mit ihrer Hilfe sorgt man für Regelmäßigkeit im Tagesablauf, was das Wohlbefinden der Tiere sehr fördert. Außerdem lassen sich Jahresabläufe und andere periodische Schwankungen mit Hilfe einer Zeitschaltuhr besser nachvollziehen. Es läßt sich durch Versuche ermitteln, wann und für wie lange die Heizung eingeschaltet bleiben muß, damit die Temperatur nicht zu stark absinkt, aber auch nicht zu hoch steigt. Wollte man das täglich von Hand regeln, wäre der Betrieb eines Terrariums bereits eine tagesfüllende Beschäftigung.

An Zeitschaltuhren sind unterschiedliche Modelle im Handel. Zu empfehlen sind die seit kurzer Zeit auf dem Markt befindlichen Digital-Zeitschaltuhren, die ebenso wie die mechanischen zwischen Steckdose und Verbraucher gesteckt werden. Sie verfügen über sehr kurze Zeitintervalle (das kürzeste beträgt eine Minute) und eine sehr hohe Gangreserve, so daß die Uhr bei Stromausfall weiterläuft. Es gibt bereits Uhren mit Wochen- und Monatsprogrammen.

Beleuchtung

Es gibt eine Vielzahl von unterschiedlichen Beleuchtungskörpern mit verschiedener Leistung und einer Fülle von Lichtfarben. Deshalb ist es wichtig, sich über den Verwendungszweck der Lampen im klaren zu sein.

Wenn es nur darum geht, einen Unterschied zwischen Hell und Dunkel (Tag-Nacht) zu erzeugen, dann reichen normale Leuchtstoffröhren oder auch Glühlampen völlig aus. Das ist hauptsächlich bei rein nachtaktiven Tieren der Fall. Umweltfreundlicher als die Verwendung von Glühlampen ist es, wenn man auf **Sparlampen** zurückgreift, die wesentlich weniger Strom verbrauchen. Sie sind zwar in der Anschaffung teurer, sollen sich aber laut Hersteller durch ihre lange Lebensdauer bezahlt machen. Auch als Beleuchtung kleiner Terrarien stellen sie eine gute Alternative dar.

Tagaktive Tiere benötigen ein Licht, das unserem natürlichen Sonnenlicht sehr nahekommt. Hier bieten sich **Leuchtstoffröhren** an. Geeignet sind beispielsweise Lumilux-Röhren von Osram und Philips TL-Röhren. Da in der letzten Zeit viele neue Röhrenarten

Installation von Beleuchtung, Sprühanlage und Abflußrohren.

mit sonnenlichtähnlichen Farbspektren und guter Lichtausbeute auf den Markt gekommen sind, sollte man sich vor jedem Kauf informieren, welche Möglichkeiten man hat. Kommen die Röhren mit der feuchten Luft des Terrariums in Kontakt, sollte man unbedingt Feuchtraumfassungen und -gehäuse wählen.

Sehr gut sind die neuen elektronisch arbeitenden **Vorschaltgeräte**, die die Leuchtstoffröhren mit einer höheren Frequenz betreiben, was verschiedene Vorteile hat. Der Energieverbrauch der Vorschaltgeräte selbst ist auf ein Minimum reduziert, was sich in erster Linie durch weniger Abwärme bemerkbar macht. Das ist insbesondere dann wichtig, wenn Probleme mit zu hoher Temperatur auftauchen und die Terrarien nicht mit den Vorschaltgeräten beheizt werden sollen. Ferner benötigen die Leuchtstoffröhren keinen Starter mehr. Sie springen sofort an, und das lästige Flackern entfällt, was eine erheblich längere Lebensdauer der Röhre mit sich bringt. Weitere Vorteile liegen im geringeren Stromverbrauch, so daß man nach einiger Zeit die hohen Anschaffungskosten eingespart hat.

Die Lichtfarbe sollte der des Sonnenlichts entsprechen. Sehr angenehm für das menschliche Auge ist eine Kombination aus „Tageslicht" und „Warmton". Leuchtstoffröhren sollten immer mit einigen Niedervolt-Kaltlichthalogenstrahlern kombiniert werden, da man so örtlich begrenzte Lichtinseln im Terrarium bilden kann. Das Spektrum der Halogenlampen hat einen hohen UV-Lichtanteil, weshalb sie sich besonders zur Beleuchtung bei der Aufzucht von Jungtieren eignen.

Keine Leuchtstoffröhre kann die Intensität des Sonnenlichtes auch nur annähernd erreichen. Allerdings sind auch in den Lebensräumen unserer Pfleglinge die Lichtverhältnisse sehr unterschiedlich. Während in den Wüsten die Sonne fast das ganze Jahr über mit der gleichen Intensität scheint, gibt es ansonsten auch in den Tropen trübe Tage und Wochen. Wir müssen jedoch den unmittelbaren Lebensraum der Tiere beachten. Im Regenwald herrscht in der Nähe des Bodens nur noch eine **Beleuchtungsstärke** von 200 bis 500 Lux, die auch in Terrarien leicht zu erzeugen ist. In einem Meter Höhe, mit ein wenig Lichteinfall, beträgt die Beleuchtungsstärke schon 1000 Lux und mehr. Hierbei spielt die Schattenbildung der übrigen Pflanzen eine wesentliche Rolle. Erst hoch oben in den Baumkronen erreichen wir die volle Beleuchtungsstärke von 100000 Lux und darüber. Aber auch in den Regenwäldern gibt es immer wieder offene Stellen, in denen das Sonnenlicht bis zum Boden reicht. So findet man auch Regenwaldbewohner, die sich auf solche sonnenexponierten Plätze spezialisiert haben.

Die natürliche Lichtintensität läßt sich in unseren Terrarien mit normalen Leuchtmitteln nur annähernd kopieren. So erreichen zum Beispiel zehn 2 m lange Vollspektrum-Fluoreszenzlampen in einer Entfernung von 2,5 bis 3 m etwa eine Beleuchtungsstärke von 10000 Lux. Es ist immer günstiger, mehrere Terrarien mit einigen großen Leuchtstoffröhren zu beleuchten, als jedes Terrarium mit einer kleinen Lampe.

Zur Bündelung des Lichtes sollte man auf jeden Fall alle Beleuchtungskörper und Leuchtstoffröhren mit hochwertigen **Reflektoren** ausstatten, da sich auf diese Weise die Lichtausbeute um ungefähr 40% steigern läßt. Schon das Auskleiden des Lampenkastens mit einer Alufolie führt zu einer wesentlich höheren Helligkeit im Terrarium. Hervorragend sind auch die aus dünnem Weißblech oder Aluminiumblech hergestellten und beschichteten Reflektoren geeignet. Jedoch muß man immer daran denken, daß die Reflektoren, wenn sie aus einem leitenden Material bestehen, auch geerdet werden müssen.

Für größere Terrarien eignen sich außerdem noch die **Metalldampf-Entladungslampen**, wie zum Beispiel die Quecksilberdampf-Entladungslampen (HQL) und die sehr teuren Joddampf-Entladungslampen (HQI). Auch sie können nur mit Vorschaltgeräten betrieben werden. Erhältlich sind diese Lampen im Aquarienhandel als komplette Strahler mit Reflektor. Neben der star-

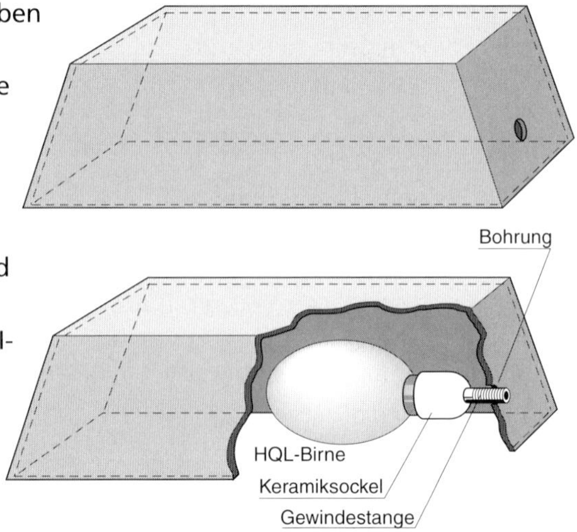

Aus einer Kuchenform läßt sich leicht ein Gehäuse für einen Strahler bauen.

ken, gebündelten Lichtabgabe haben sie noch den Vorteil, eine gewisse Strahlungswärme zu erzeugen, die die Reptilien gerne annehmen. Um Verbrennungen zu vermeiden, muß jedoch ein gewisser Mindestabstand zwischen möglichem Aufenthaltsort der Tiere und der Lampe eingehalten werden.

Die Anschaffungskosten der HQI-Lampen werden durch ihre lange Lebensdauer und die im Verhältnis zur Leistung geringen Stromkosten ausgeglichen. Für Terrarien, die höher als 80 cm sind, kommen nur diese Lampentypen in Frage. HQI-Lampen werden ebenfalls in unterschiedlichen Leistungsstärken und Lichtfarben angeboten. Wenn man sie benutzt, kann man häufig auf eine zusätzliche Heizung verzichten. Nicht nur die Lampen, sondern auch die benötigten Vorschaltgeräte geben sehr viel Wärme ab.

Wer bei der Anschaffung der Lampen sparen will, kann sich aber auch mit sehr einfachen Mitteln ein Gehäuse für einen HQL- oder HQI-Strahler bauen. Für eine Leuchtenleistung von bis zu 125 Watt kann man eine **Königskuchenform** oder eine Brotform aus Aluminiumblech zum Reflektor umfunktionieren. An einer Seite (Längsrichtung) wird ein Loch in der Größe des Gewinderohres des Lampensockels gebohrt. Das Gewinderohr wird in den Porzellansockel geschraubt und durch das Loch in der Kuchenform gesteckt. Mit einer Kontermutter wird der Sockel jetzt an der Form festgeschraubt (siehe Zeichnung). Natürlich muß der Kasten geerdet werden. Auch die Wärmeentwicklung ist zu berücksichtigen, damit kein Hitzestau unter dem Blech entsteht. Daher bohrt man zahlreiche Löcher in das „Dach" (Boden der Kuchenform).

Eine Kombination aus verschiedenen Lampen ist manchmal sehr sinnvoll. Hier bieten sich Leuchtstofflampen in Verbindung mit **Halogenstrahlern** an. Gerade über kleineren Terrarien ist es sehr schwierig, genügend Licht bei erträglicher Wärme zu erzeugen. Für kleinere Behälter sind daher 12-Volt-Halogenstrahler sehr gut geeignet. Diese Niedervolt-Kaltlichthalogenstrahler gibt es in unterschiedlichen Wattstärken und Abstrahlungswinkeln. Für eine punktuelle Beleuchtung eignen sich Lampen mit einem Winkel von 12°. Alle Lampen müssen mit einem Vorschaltgerät betrieben werden. Da die Strahler auch einen Anteil UV-Licht besitzen, eignen sie sich sehr gut für Aufzuchtterrarien. Bei Halogenstrahlern neuerer Bauart ist die Lampe oft durch eine kleine Glasscheibe geschützt, die vorsichtig mit einem Schraubenzieher weggehebelt werden muß, um noch den gewünschten Effekt (UV-Strahlung) zu erhalten.

Kein Beleuchtungsmittel hat nur Vor- oder Nachteile; es gilt, den richtigen Kompromiß zu finden. Der **Einsatz von ultraviolettem Licht** hat ebenfalls positive und negative Seiten. Es ist unumstritten, daß UV-Licht vitalitätsfördernd und sehr wichtig für den Knochenaufbau ist. Auch soll es bei einigen Arten paarungsstimulierend wirken. Auf der anderen Seite kann eine falsche Dosierung lebensbedrohlich sein. Es ist nur sehr schwer anzugeben, nach welchen Kriterien eine UV-Bestrahlung erfolgen sollte; daher verweisen wir auf die die einzelnen Tierarten behandelnde Fachliteratur.

Wer die Möglichkeit hat, das natürliche Sonnenlicht auszunutzen, sollte davon Gebrauch machen. Hierbei besteht aber auch, wie schon besprochen, eine sehr große Gefahr in der Überhitzung des Terrariums.

Die Heizungen

Die natürlichste Art, ein Terrarium zu erwärmen, ist die Beheizung von oben mit Strahlungswärme. Die Lösung ist technisch nicht ganz einfach. Die Terrarien von tagaktiven sonnenliebenden Echsen müssen allerdings in erster Linie mit Strahlern erwärmt werden.

Am einfachsten beheizt man das Terrarium jedoch von unten mit einer **Heizmatte**, Heizplatte oder anderen speziell für Terrarien entwickelten Heizgeräten, die nur eine milde, aber ausreichende Wärme abgeben. Wichtig ist, daß derartige Vorrichtungen immer nach unten isoliert werden, um einen Wärmeverlust zu verhindern. Da diese Heizungen einen enormen Stromverbrauch haben, sollte man versuchen, die Wärme der **Lampen-Vorschaltgeräte**, die sonst sinnlos im Zimmer verpuffen würde, zur Beheizung der Terrarien auszunutzen. Zu diesem Zweck werden die im Handel auch als Einzelbauteile erhältlichen Geräte unter das Brett geschraubt, auf dem das Terrarium steht. Die Vorschaltgeräte müssen geerdet sein und dürfen niemals von Flüssigkeiten erreicht werden können!

Durch Erwärmung von unten läßt sich auch das Terrarienklima, insbesondere die Luftfeuchtigkeit, steuern. Bringt man zum Beispiel die Heizung unter dem Wasserbecken oder unter feuchten Bodengrundbereichen an, so

Wird das Terrarium nur mit einem Strahler erwärmt, erscheint den Weibchen von Furcifer lateralis der Bodengrund zu kalt zur Eiablage.

steigt die relative Luftfeuchtigkeit erheblich schneller, als wenn man nur die trockenen Bodenteile erwärmt.

Weibchen vieler Reptilienarten suchen außerdem meistens wärmere Stellen zur **Eiablage** auf. Wird das ganze Terrarium nur von oben mit einem Strahler erwärmt, bleibt der Bodengrund kalt und erscheint den Weibchen (beispielsweise *Furcifer lateralis*) nicht zur Eiablage geeignet, was häufig in einer Legenot mit Todesfolge endet. Bei anderen Arten (beispielsweise *Brookesia stumpffi*) stellen die Weibchen das Graben jedoch ein, wenn der Bodengrund nach unten hin immer wärmer wird; auch besteht die Gefahr, daß die Eier absterben.

Die Beheizung von unten eignet sich in erster Linie für Wüsten- oder Trokkenterrarien. In einem **Feuchtterrarium** würde der Boden sehr schnell austrocknen, es sei denn, man feuchtet ihn häufig wieder an. Im Regenwaldterrarium sollte man daher Heizmatten als Seiten- oder Rückwandheizung einsetzen, natürlich nur, wenn die Wand auch entsprechend hergerichtet worden ist. Es gibt Heizmatten, die mit einer Klebefolie ausgestattet sind und direkt auf das Glas geklebt werden können.

Bei allen Geräten sind aber die Sicherheitsvorschriften unbedingt zu beachten. Etwa alle 24 Stunden muß die Temperatur kontrolliert werden, um unnötige Überraschungen zu vermeiden. Hierbei darf man sich auch nicht nur auf die Angaben des Herstellers verlassen. Besser ist es, wenn man im Bereich der Heizung ein fest installiertes Thermometer anbringt. Natürlich kann man auch einen **Thermostat** installieren, der bei Überschreiten einer bestimmten Temperatur die Heizung abschaltet.

Ein großes Problem stellt die **Heizung der Terrarien für Großechsen** dar, da meist mehrere Kubikmeter Luft erwärmt werden müssen. Mit einer Bodenheizung ist das nicht zu erreichen, da der Boden sonst auf etwa 80 °C erwärmt werden müßte. Dieses Problem löste Herr Wicker (mündliche Mitteilung) im Exotarium Frankfurt in der Weise, daß er die Fußbodenheizung zusätzlich noch in die Wand verlegte, so daß nun Boden und Wand nicht zu heiß werden und gleichzeitig die gewünschte Lufttemperatur erreicht wird. Für Großterrarien empfiehlt sich aus Energiespargründen nur der Einsatz einer Fußbodenheizung (Warmwasser-System), die an die normale Wohnungs- oder Hausheizungsanlage angeschlossen wird, denn das Beheizen mit Hilfe von Strom dürfte unbezahlbar sein.

Für den **Selbstbau einer Fußbodenheizung** kommt das Verlegen von Kupferrohren in Frage. Gesteuert wird die Heizung über einen Temperaturfühler in Verbindung mit einer separaten Pumpe. Hier sollte man einen Heizungsfachmann zu Rate ziehen. Die Heizungsrohre können unter dem Terrarium oder in der Terrarienwand verlegt werden. Durch das Verlegen von engen oder weiten Schleifen hat man die Möglichkeit, verschiedene Temperaturbereiche zu schaffen. Am sinnvollsten ist es, Styropor als Unterlage der Rohre zu benutzen. Die Heizung wird mit einer dünnen Spezialfolie geschützt; anschließend wird das Ganze mit flüssigem Beton vergossen. Für Fußbodenheizungen gibt es vorgefertigte Platten, in denen Plastikrohre verlegt werden. Auch hier wird die Anlage mit Beton vergossen.

Nicht immer hat man die Möglichkeit, die Wärmequelle unter dem Terrarium zu installieren. Es bleibt einem dann nichts anderes übrig, als die Heizung direkt im Terrarium zu verlegen. Hierzu eignen sich vor allem Heizkabel, die völlig in eine stabilen Silikonummantelung eingegossen sind. Sie müssen direkt auf dem Terrarienboden verlegt werden. Dort werden sie mit Klebeband gegen ein Verschieben durch grabende Echsen geschützt. Ein nachträgliches Einbauen eines Heizkabels erfordert sehr viel Geschick und Nerven, da man ein im Bodengrund versenktes Ende häufig mit dem nächsten Stück wieder herauszieht.

Als weitere Heizmöglichkeit eignen sich **Aquarienheizer** mit einer Leistung von 5 Watt. Sie bilden eine milde lokale Wärmequelle und platzen auch nicht durch Hitzestau im Bodengrund. Allerdings dürfen sie nie mit kaltem Wasser besprüht werden. Man kann sie ebenso wie ein Heizkabel auf dem Boden verlegen oder aber, in einer Korkröhre gut versteckt, etwas höher im Terrarium anbringen.

Leider schaffen derartige Heizungen auch eine ganze Reihe von Gefahrenquellen. So muß die Stelle, an der das Kabel ins Terrarium geleitet wird, sorgfältig mit Silikonkleber abgedichtet werden, um ein Entweichen von Futtertieren zu verhindern. Grillen und andere Tiere fressen hin und wieder die Silikonummantelung an, so daß das Kabel an einigen Stellen bloßliegt, was einen Brand oder Stromschlag zur Folge haben kann. Dagegen bieten Kabelschächte zusätzliche Sicherheit.

Vor dem Besetzen eines Terrariums sollte man immer die Temperaturen an verschiedenen Stellen mit Hilfe eines Maximum-Minimum-Thermometers messen. Wenn sie nicht im gewünschten Bereich liegen, lassen sich vor dem Besetzen noch leicht die notwendigen Korrekturen durchführen. Neben der Temperatur werden auch die relative Luftfeuchtigkeit und ihre Schwankungen mit Hilfe eines Haarhygrometers gemessen. Maßnahmen zur Korrektur haben wir bereits oben beschrieben.

Ist alles in Ordnung und sind die Tiere in ihr neues „Habitat" entlassen, muß man gegebenenfalls Vorsorge gegen Überhitzung oder Unterkühlung durch äußere Einwirkungen treffen. Besonders im Sommer kann es leicht geschehen, daß die Raumtemperaturen so hoch steigen, daß jede weitere Beheizung eine große Gefahr darstellt. Dem kann man vorbeugen, indem man mit einem Relais, das nach der Schaltuhr in den Stromkreis geschaltet ist und von einem im Zimmer angebrachten **Temperaturfühler** gesteuert wird, bei Erreichen einer gewissen Raumtemperatur die Heizung abschaltet. Mit einem zweiten Temperaturfühler kann man bei Erreichen noch höherer Temperaturen die gesamte Beleuchtung aus- und ein Gebläse einschalten.

Umgekehrt läßt sich ein derartiger Temperaturfühler natürlich auch zum Verhindern von zu niedrigen Temperaturen einsetzen, indem er die Heizung bei Unterschreiten einer bestimmten Temperatur, zum Beispiel 15 °C, bis zu deren Überschreiten einschaltet. Geeignete Temperaturfühler und Relais sind im Elektronikhandel erhältlich. Für Räume, Wintergärten und Gewächshäuser empfehlen sich die sogenannten Frostschützer.

Pumpen und Filter

Bei den Pumpen und Filtern steht eine riesige Produktpalette zur Auswahl. Für die einfache Wasserumwälzung oder das Betreiben eines Wasserlaufs oder -falls genügt eine einfache Pumpe, deren Leistung auf die Förderhöhe und Wassermenge abgestimmt sein muß. Man sollte sich im Zweifelsfall für die stärkere Pumpe entscheiden, da ihre Leistung im Laufe der Zeit etwas abnimmt.

Für die Installation und Integration von Pumpen im Terrarium hat man verschiedene Möglichkeiten. Bei genügendem Wasserstand (zum Beispiel im integrierten Wasserteil) kann man kleinere Pumpen, sogenannte **Tauchpumpen**, direkt in das Wasserbecken hineinlegen. Gebräuchlich sind die Zimmerspringbrunnenpumpen und zahllose Modelle aus der Aquaristik. Das Wasser wird direkt in einen dafür verlegten Schlauch gepumpt und tritt an der gewünschten Stelle wieder aus. Man kann eine Pumpe mit geringer Leistung (Wattzahl) verwenden, da die Förderhöhe im Gegensatz zu einer externen Pumpe meistens nicht sehr groß ist.

Eine andere Möglichkeit ist das Verlegen der Pumpe in einen Auffangbehälter, ähnlich einem Außenfilter. Hierfür legt man einen Abflußschlauch vom Überlauf des Wasserbeckens in ein Gefäß (Eimer, Schüssel, Faß oder Aquarium), in dem sich die Pumpe befindet, die das Wasser über einen anderen Schlauch wieder in das Terrarium zurückdrückt. Hierbei hat man auch die Möglichkeit, das Wasser in dem Auffangbehälter mittels eines Aquarienheizers zu erwärmen. Je nach Größe der Anlage und der Durchflußmenge kann man alle gängigen Tauchpumpen verwenden.

Nach dem gleichen Prinzip arbeiten auch die **Außenfilter**. Hier liegt der Vorteil in dem fertigen System und in der Filterung des Wassers. Da es auch Außenfilter mit eingebauter Heizung gibt, ist ein Temperieren des Wassers bei gleichzeitiger Filterung möglich. Es gibt hier Heizungen mit einem Außenfühler, der uber ein Kabel in das Wasserbecken verlegt werden kann. Damit wird die Temperatur direkt im Wasserbecken überwacht.

Leistungsstarke **Kreiselpumpen** sind für die Einrichtung eines Bachlaufs sehr gut geeignet. Es gibt sie in den verschiedensten Ausführungen. Manche Pumpen leisten etwa 3 m^3/h bei 1 m Wassersäule, sind in der Anschaffung aber nicht gerade preiswert. Die Pumpen werden außerhalb des Terrariums installiert und mit passenden Schläuchen verbunden. Der Durchmesser der Schläuche muß immer auf die Leistung der Pumpe abgestimmt sein. Für alle Pumpen und Filteranlagen gilt, daß die Anschlüsse mit Absperrventilen bestückt werden sollten, da so beim Säu-

Beim Betrieb eines Wasserfalls muß die Pumpenleistung auf die Förderhöhe abgestimmt sein.

bern unnötige Wasserplanscherei verhindert wird.

Wenn man einen **Wasserfall** betreiben möchte, muß nicht nur die Wassermenge bei der Berechnung der Pumpenleistung berücksichtigt werden, sondern auch die Förderhöhe. Sie wird in mWs (Meter Wassersäule) angegeben. Einige Hersteller bieten Pumpen an, die bei einer Leistung von 100 Watt maximal 5 mWs schaffen. Es ist empfehlenswert, sich in einem Zoo- oder Gartenfachhandel beraten zu lassen. Hier bekommt man alle gängigen Pumpen und Filtertypen. Größere Pumpen, wie sie zum Beispiel für Sickerschächte verwendet werden, bekommt man in Baumärkten. Sie sollten immer über einen Schwimmerschalter verfügen, der die Pumpe bei Trockenlauf abschaltet.

Lüftung und Ventilation

Lüfter und Ventilatoren werden sehr häufig zur Kühlung von Terrarien oder Räumen eingesetzt. Dabei ist zu beachten, daß eine tatsächliche Kühlung nur durch die Verdunstungskälte von Flüssigkeit oder durch Zufuhr von kühler Luft erreicht wird. Diese Vorgänge werden von der Luftbewegung durch Ventilatoren unterstützt. Ansonsten erzeugen die Motoren der Ventilatoren lediglich zusätzliche Wärme. Aber auch, wenn man nur eine Luftbewegung erzeugen will, muß man sie einsetzen.

Ein wichtiges Anwendungsgebiet von Ventilatoren ist der Transport von warmer oder kalter Luft, wie zum Beispiel das Absaugen kalter Luft aus dem Keller im Sommer und der Weitertransport ins Terrarium. Hierfür sind **Rohrlüfter**, die für genormte Rohrdurchmesser angeboten werden, am besten geeignet. Mit ihnen läßt sich die Luft gezielt ansaugen und auf zahlreiche Terrarien verteilen.

Da man in Terrarienräumen auf Zugluft verzichten sollte, benutzt man besser einen **Deckenventilator**, um eine gewisse Luftbewegung zu erzeugen. Wer Frischluft von draußen ansaugen möchte, bedient sich hierfür eines Fensterventilators.

Für die Luftbewegungen in den Terrarien benutzt man am besten Kleinstlüfter, wie sie zum Beispiel zum Kühlen von Elektrogeräten gebräuchlich sind. Hier sollte man auf die Qualität achten; so müssen die Lüfter gut gelagert sein, da sie sonst nach einiger Zeit immer lauter werden. **Kühllüfter für Computer** sind hervorragend geeignet, da sie für den Langzeitbetrieb ausgelegt sind. Es gibt auch hier wieder sehr viele verschiedene Lüftertypen. Erwerben kann man sie in jedem gut sortierten Elektronikladen oder im Versandhandel. Wegen größerer Lüfter wendet man sich an den Elektrofachhandel.

Grundsätzlich sollte man immer durch **Gazeflächen** für eine natürliche Lüftung sorgen. Hierfür muß immer ein Lufteintritt und ein -austritt vorhanden sein. Die verschiedenen Möglichkeiten, Lüftungen in Terrarien einzubauen, zeigen die Zeichnungen auf Seite 13. Eine Luftbewegung kann auch nur durch einen Temperaturunterschied hervorgerufen werden. So steigt warme Luft bekanntermaßen immer nach oben. Das kann man sich zunutze machen, indem man ein **Wasserbecken** temperiert. Ist das Wasser wärmer als die Luft, steigt die über dem Wasser erwärmte Luft nach oben. Hierbei transportiert sie Feuchtigkeit, die sich an den Pflanzen niederschlägt. Ein unangenehmer Nebeneffekt ist das Beschlagen der Scheiben. Natürlich kann man diese Form der Belüftung auch steuern. Wenn man zum Beispiel nur nachts die Wassertemperatur erhöht, findet sie auch nur in der Nacht statt. Am Tage wird das Terrarium geheizt und die Temperatur im Wasser etwas heruntergefahren. Damit man in der Nacht die Temperatur im Wasser erhöhen kann, muß eine weitere Heizung eingebaut werden. Über eine Zeitschaltuhr wird die zweite Heizung in der Nacht eingeschaltet, die auf einen etwas höheren Wert als die erste Heizung eingestellt ist. Hier reichen oft schon wenige Grad aus.

Ein ständig beschlagenes Terrarium ist ein Zeichen für eine schlechte Belüftung. Die verschiedenen Wege der Luftzirkulation in einem Paludarium zeigt die Zeichnung auf Seite 146. Abhilfe bei beschlagenen Scheiben kann auch ein Lüfter schaffen, der Frischluft auf die Scheiben bläst. Besser ist es jedoch, wenn man eine Lüftungsfläche an der Vorderseite unter der Terrarientür anbringt, so daß die Frischluft gleichzeitig ein Kondensieren der Luftfeuchtigkeit an der Frontscheibe verhindert.

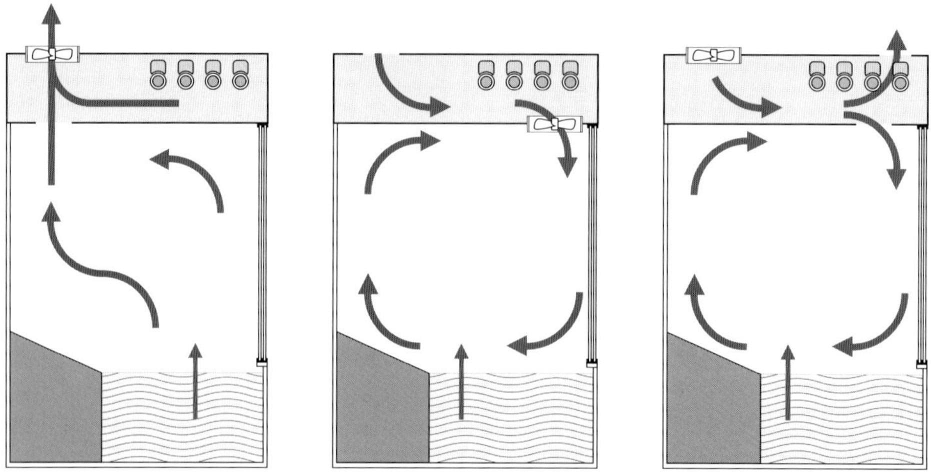

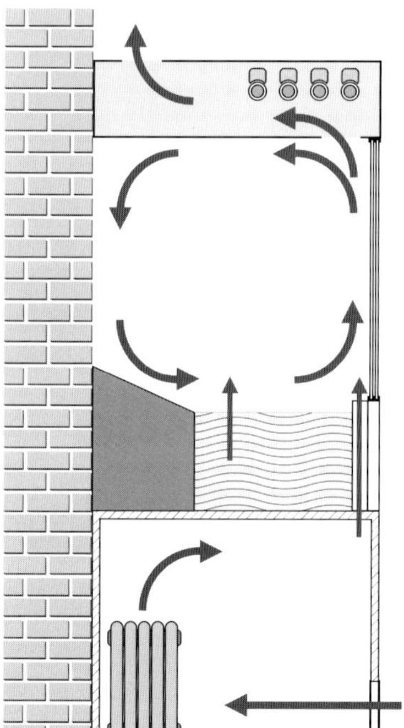

Möglichkeiten der Luftzirkulation in einem Paludarium.

Sprüh- und Nebelanlagen

Wer nur ein oder zwei Terrarien zu versorgen hat, kann sie leicht mit Hilfe einer Gartenspritze täglich von Hand überbrausen. Was aber, wenn der Urlaub naht oder man mehrere Terrarien besitzt? Dann lohnt sich der Bau einer vollautomatischen Sprühanlage. Mit ihrer Hilfe lassen sich die Tiere auf eine für sie angenehme Weise regelmäßig übersprühen, und der Pfleger bleibt unabhängig, da er selbst bei der Pflege von Regenwaldformen einige Tage wegfahren kann, ohne daß sich jemand um die Tiere kümmern muß.

In der Mietwohnung betreibt man die Sprühanlage aus Sicherheitsgründen nur mit einer **Hochdruckpumpe**; im Fall eines Lecks kann nur das Wasser des Vorratsbehälters auslaufen. Hingegen kann man die Sprühanlage im eigenen Haus auch mit Hilfe des normalen Wasserleitungsdrucks in Betrieb nehmen.

Man legt eine Wasserleitung zu den Terrarien und schließt an das Ende ein **Magnetventil** an, das man aus einer alten Waschmaschinen ausgebaut oder im Elektrofachhandel gekauft hat. Das Ventil oder die Hochdruckpumpe werden nun mit Hilfe einer digitalen Zeitschaltuhr gesteuert. Wem die kleinste mögliche Einstellung (Sprühzeit eine Minute) noch zu lang ist, zum Beispiel für Wüstenterrarien oder Kleinstbehälter, der schließt an die Zeitschaltuhr

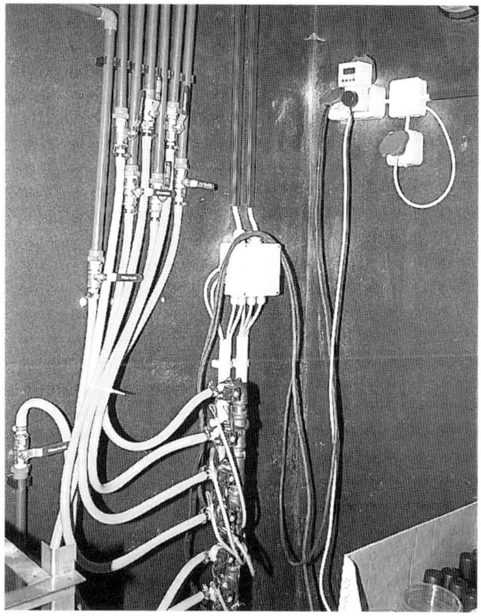

Installation der Wasserversorgung einer Sprühanlage.

noch ein **Hausbeleuchtungsrelais** an, mit dem jede gewünschte Zeitschaltung kleiner als eine Minute möglich ist. Das Relais empfiehlt sich auch als zusätzliche Sicherheitsmaßnahme für den Fall, daß die Schaltuhr durch einen Defekt den Kontakt nicht rechtzeitig trennt. In die Terrarien klebt man schließlich die Düsen (im Gartenbedarf erhältlich) ein, die über ein Schlauchsystem an das Magnetventil oder die Pumpe angeschlossen werden.

Grundsätzlich gibt es nun zwei Möglichkeiten: Entweder man sprüht nur soviel Wasser, wie sofort wieder verdunstet oder von den Pflanzen aufgenommen wird (zum Beispiel in einem Wüsten- oder Trockenterrarium), oder man baut einen **Abfluß** ein. Dafür sollte man bereits beim Bau des Terrariums ein Loch von mindestens 10 mm Durchmesser in den Boden bohren. Will man jedoch nicht sofort eine Beregnungsanlage in seinem Terrarium installieren, so kann man die Bohrung einfach mit Silikonkleber und einem etwas größeren Glasstück abdichten. Bei späterem Bedarf läßt sich das Loch wieder mit einer Rasierklinge freischneiden.

Als eigentlichen Abfluß klebt man ein genau passendes Flanschrohr mit Silikonkleber dicht in die Bohrung ein. Damit sich das Rohr nicht durch versehentliches Dagegenstoßen löst, muß von unten ein größeres Rohr oder eine Mutter dagegen geklebt werden. Als Bestandteile von im Handel erhältlichen Rohrleitungssystemen werden auch **Tankverschraubungen** angeboten, zu denen es passende Absperrhähne gibt. An das Abflußrohr schließt man nun ein Leitungssystem an, das direkt ins Abwasser oder in einen verschlossenen Eimer führt, der dann regelmäßig geleert werden muß.

Für einen sicheren Betrieb der Sprühanlage mit Hilfe der normalen Wasserleitung baut man vor das Magnetventil auf jeden Fall einen Feinfilter ein, damit sich keine Teilchen im Ventil festsetzen und den Verschluß behindern. Zusätzliche Sicherheit erhält man,

Sprühanlage auf Basis des Gardena Micro Drip Systems.

wenn man zwei Magnetventile hintereinander schaltet, für den Fall, daß eines nicht mehr schließen sollte.

Als zweite gebräuchliche Sprühanlagenvariante wollen wir das Gardena-System Micro Drip beschreiben, das aufgrund seiner leichten Verlegbarkeit immer häufiger Einzug in die Terrarien hält. Leider hat auch dieses System seine Tücken und sollte laut Hersteller nur im Freien verwendet werden! Es hat sich jedoch bei sorgfältiger Verlegung auch im eigenen Haus bestens bewährt.

Basisgerät einer derartigen Sprühanlage ist der sogenannte **Bewässerungs-**

computer, der aus einer Zeitschaltuhr besteht, die mit einem Magnetventil kombiniert ist. Es gibt die Anlage in zwei verschiedenen Ausführungen: zum Betreiben einer Sprühanlage oder zum Betreiben von bis zu vier unabhängig voneinander geschalteten Bewässerungssystemen. Die Zeitschaltuhr hat eine kürzeste Zeitschaltung von einer Minute und kann zusätzlich verschiedene Tages- und Wochenprogramme steuern. Der Bewässerungscomputer arbeitet mit einer Batterie, mit deren Strom auch das Magnetventil geöffnet wird. Ist die Batterie zu schwach, öffnet sich das Magnetventil nicht mehr, weshalb regelmäßige Kontrollen (laut Hersteller hält eine Batterie etwa ein Jahr) nötig sind.

Da es auch bei diesem System geschehen kann, daß sich ein kleines, festes Teilchen beim Schließen im Magnetventil festsetzt, empfiehlt sich auch hier, einen zweiten Bewässerungscomputer direkt hinter den ersten zu schalten, damit einer die Wasserzufuhr unterbindet, wenn der andere versagt. Außerdem kann man einen Teilchenfilter in die Wasserzuführung vor dem Bewässerungscomputer einbauen.

Der Bewässerungscomputer wird über ein Schlauchsystem an einen Wasserhahn mit Gewinde angeschlossen. Von ihm führt dann die Wasserleitung zuerst in einen **Druckminderer** mit kombiniertem Feinfilter (damit die Düsen nicht verstopfen) und von dort direkt über ein System von Schlauchverbindungen in die Terrarien. Alle Anschlüsse, Verbindungsstücke, Schläuche und Düsen gibt es für dieses Bewässerungssystem im gut sortierten Gartenbedarfshandel zu kaufen. Im Haus sollte man jedoch die Düsen nicht direkt an die Schlauchleitung anschließen, indem man sie hineinsticht und -steckt. Selbst bei sorgfältiger Arbeit ist diese Verbindung nie ganz dicht. Besser ist es, die Düsen direkt an einem Ende des dünnen Schlauches festzuschrauben und die Schläuche mittels T-Stück miteinander zu verbinden.

Ein weiterer Vorteil des Systems ist die große Auswahl an verschiedenen Düsen, von der einfachen Tropfdüse über Sprühdüsen mit unterschiedlichen Abstrahlwinkeln bis hin zu den Nebeldüsen. So eignen sich die Tropfdüsen zum Beispiel dafür, Wasserschälchen in Trockenterrarien regelmäßig nachzufüllen.

Je nach Härtegrad des Wassers verstopfen die Düsen nach einer gewissen Zeit. Damit nicht plötzlich ein Terrarium ohne Wasserversorgung dasteht, müssen alle Düsen in regelmäßigen Abständen auf ihre Funktion überprüft werden.

Ein viel diskutiertes Problem ist die **Temperatur des Sprühwassers**, die vielen zu niedrig für die Tiere zu sein scheint, wenn es unmittelbar aus der Leitung kommt. Wer also für einen warmen „Niederschlag" sorgen will, sollte im Terrarienzimmer unter der Decke einige Meter Kupferrohr oder Druckschlauch verlegen, in denen sich die Wasser- der Zimmertemperatur angleichen kann. Da sich das Wasser im Sommer viel zu stark erwärmen kann, sollte man diese Einrichtung auch überbrücken können.

Erst in der letzten Zeit werden öfter **Ultraschall-Luftbefeuchter** als Nebelanlagen zur Terrarienbefeuchtung oder zur Steigerung der relativen Luftfeuchtigkeit in den Terrarien eingesetzt. Zum Beregnen der Terrarien sind derartige Anlagen nicht geeignet, da die austretende Wassermenge viel zu gering ist. In der Regel sind Nebelanlagen wesentlich betriebssicherer als Sprühanlagen, da sie nicht mit dem hohen Leitungsdruck arbeiten und die Terrarien nicht mit einem Abfluß ausgestattet sein müssen. Deshalb können sie auch in jeder Wohnung zur Befeuchtung der Terrarien benutzt werden. Für die Amphibienpflege weisen Ultraschall-Luftbefeuchter wesentliche Vorteile auf. So reagieren die Tiere viel schneller und stärker auf die 100prozentige relative Luftfeuchtigkeit als auf ein Überbrausen des Terrariums.

Es ist immer wieder ein besonderes Schauspiel, wenn sich größere, dekorativ bepflanzte Schaubecken oder Paludarien langsam mit Nebel füllen, der sich dann innerhalb von etwa 30 Minuten an den Pflanzen oder der übrigen Einrichtung langsam niederschlägt, bis die Luft wieder klar ist. Fast alle Frösche und Molche verlassen währenddessen ihre Verstecke und sind ausgesprochen aktiv. So beginnen die Männchen häufig sofort zu rufen und um die Weibchen zu werben.

Zum Bau einer Nebelanlage benötigt man einen der im Handel erhältlichen Ultraschall-Luftbefeuchter. Beim Kauf sollte man darauf achten, daß er einen Entkalker enthält. Die meisten anderen Geräte dürfen nur mit destilliertem Wasser betrieben werden. Der Wasservorrat sollte für über eine Woche reichen. Ideal sind daher Geräte mit einem 10-l-Tank.

An die Öffnung, aus der der Wasserdampf austritt, wird ein Rohrsystem angeschlossen. Dabei muß das Rohr, das den Dampf vom Gerät bis zu den Terrarien führt, einen Durchmesser von mindestens 60 mm aufweisen. An dieses Rohr schließt man dünnere Rohre (Durchmesser etwa 30 mm) an. Dabei darf der Leitungsweg nicht zu lang sein. Die Rohre müssen im Terrarium enden und mit einem sehr groben Gewebe (Maschenweite etwa 5 mm) gegen ein Eindringen von Tieren gesichert sein. Ebenfalls sehr wichtig ist es, daß die gesamte Rohrleitung ein leichtes Gefälle aufweist, damit das in den Rohren kondensierende Wasser ins Gerät oder ins Terrarium laufen kann.

Mit einer Nebelanlage lassen sich je nach Leistungsstärke des Luftbefeuchters etwa vier bis acht normale Terrarien betreiben. Da der Wasseraustritt sehr gering ist, darf man nicht vergessen, noch zusätzlich zu sprühen und die Pflanzen zu gießen.

Klimageräte

Wenn man seine Tiere auf einem Dachboden unterbringen muß, kann es im Sommer sehr schnell zu zu hohen Temperaturen kommen. Hier, aber auch zur Simulation einer Winterzeit, kann man auf Klimageräte zurückgreifen. Die modernen Geräte sind einfach in der Handhabung und auch schnell aufgestellt. Sie eignen sich jedoch immer nur für das ganze Terrarienzimmer! Die Kosten, die dabei entstehen, sollte man auch schon vorher einplanen, dann ist der Schrecken bei der nächsten Stromabrechnung nicht ganz so groß.

Computer

Da die Computertechnik immer weiter entwickelt wird, liegt es nahe, diese Technik auch zum Betreiben eines Terrariums zu nutzen. Komplizierte Steuerungen und Überwachungen lassen sich mit Hilfe eines Rechners leicht realisieren. Es genügen selbst ältere Modelle, die man schon recht günstig bekommen kann. Darüber hinaus benötigt man eine Steckkarte, die alle analogen in digitale Signale umwandelt und umgekehrt. Eine Relaiskarte schaltet die nötigen Stromkreise ein oder aus. Für die Messung der einzelnen Werte benötigt man natürlich auch die dazugehörigen Geräte.

Mit einem Computer hat man die Möglichkeit, bestimmte Meßwerte miteinander zu vergleichen und zur Grundlage von Schaltvorgängen zu machen. Wenn die Temperatur zu hoch ist, wird zuerst der Lüfter ein- und später die Beleuchtung abgeschaltet. Wenn ein bestimmter Wert wieder unterschritten wird, wird die Beleuchtung wieder eingeschaltet und später auch der Lüfter wieder ausgeschaltet. Auch die Steuerung der Luftfeuchtigkeit und der Temperatur bei Tag und Nacht kann mit einem Computer realisiert werden. Das Gleiche gilt für die sehr wichtigen jahreszeitlichen Unterschiede, mit längeren oder kürzeren Beleuchtungsphasen, Regen- und Trokkenzeiten. Alle Abläufe können zudem täglich verändert werden. In Verbindung mit einem Kühlgerät lassen sich auch Winterpausen mit leicht ansteigenden oder abfallenden Temperaturen realisieren.

Mit einem Computer können aber nicht nur die verschiedenen Steuervorgänge durchgeführt werden, sondern auch Abfragen aller Vorgänge und Anzeigen sämtlicher Meßwerte am Bildschirm. Darüber hinaus kann man sich auch ein Stromverbrauchsdiagramm erstellen lassen. Man sieht, die Möglichkeiten sind unbegrenzt.

Allerdings muß man dem Computer erst einmal sagen, was er machen soll. Hierfür muß ein Programm geschrieben werden. Wenn man selber nicht über die nötige Erfahrung verfügt, wendet man sich an einen Programmierer. Hier helfen Computerclubs, die es mittlerweile in fast jeder Stadt gibt, gerne weiter. Auch der Aufbau der Anlage muß mit einem Fachmann besprochen werden. Vorher sollte man seine Wünsche und Vorstellungen bereits aufgeschrieben haben.

Der Brutapparat

Es gibt die unterschiedlichsten Brutkästen zur Zeitigung von Reptilieneiern. Teure und aufwendige Brutapparate werden von vielen Tiergärten und Zoos benutzt. Es handelt sich häufig um größere Brutschränke mit einer aufwendigen Technik.

Für den Terrarianer lohnt sich eine derart kostspielige Anschaffung nur in den seltensten Fällen. Sehr gut bewährt hat sich die Kunstglucke der Firma Jäger. Einige Terrarianer benötigen aber auch größere Behälter, ohne gleich viel Geld ausgeben zu wollen. Wir geben hier kurze Anleitungen für einen Selbstbau nach dem Konzept von Broer & Horn (1985). Da wir einen nach dem gleichen Prinzip gebauten Brutapparat benutzen und ähnlich gute Erfolge wie die Autoren haben, können wir diesen Apparat nur empfehlen.

Unser Brutkasten weist folgendes Außenmaß auf: 50 cm x 40 cm x 60 cm (L x T x H). Für den Selbstbau eignet sich folgendes Material: 16 mm starke Spanplatten mit einer Schleiflackbeschichtung, Vierkanthölzer 35 mm x 15 mm, Preßpappe (3 mm stark), Alugaze, eine Glasscheibe 30 cm x 50 cm, Klavierband als Scharnier, ein Kabelheizer (35 Watt), ein Papst-Lüfter

Professioneller Brutapparat im Löbbecke-Museum + Aquazoo, Düsseldorf.

(50 m³/h) oder ein ähnlicher Lüfter und ein Temperaturregler.

Bei dem Brutapparat handelt es sich um zwei Holzkästen, die ineinander stehen und miteinander verbunden sind. Zuerst fertigt man den äußeren Kasten an. An den Boden (50 cm x 40 cm) werden zuerst die Rückwand (50 cm x 60 cm), danach an beides die Seitenwände (36,8 cm x 60 cm) angeschraubt. Die Vorderfront ist zweigeteilt, wobei beide Bretter die Maße 50 cm x 15 cm haben. Sie werden oben und unten vor die Kanten der Seitenteile geschraubt.

Als nächstes wird in jeder Ecke ein Vierkantholz angeschraubt. Die Hölzer sind 35 cm lang und stehen auf dem Boden. Sie werden mit den flachen Seiten an der Rückwand beziehungsweise an den beiden Vorderbrettern angeschraubt. An den Seiten werden zwei Stücke Preßpappe in den Größen 36,8 cm x 30 cm so an die Vierkanthölzer geschraubt, daß sie mit deren oberem Ende abschließen. So erhält man an den Seiten auf einer Höhe von 30 cm je eine doppelte Wand mit einem Zwischenraum von 35 mm. Jeweils 2 cm vom oberen und unteren Ende der Preßpappe entfernt schraubt man einen Rahmen aus Vierkantholz in den Innenraum, der als Auflage für den Deckel des inneren Kastens dient, welcher die Größe des Rahmens besitzt.

In der Mitte des Deckels wird ein Loch in der Größe der Lüfterflügel ausgesägt. Der **Ventilator** wird nun von oben über das Loch geschraubt. Der Boden des inneren Kastens wird aus einem aus Latten bestehenden Rahmen gefertigt und mit einer groben Gaze bespannt. Es kann auch ein Alu-Lochblech benutzt werden, das auf dem unteren Rahmen aufliegt. Der innere Kasten ist durch den Deckel mit Lüfter nach oben abgeschlossen und nach unten durch die Gaze oder das Lochblech.

Der Deckel für den äußeren Kasten weist eine Größe von 50 cm x 40 cm auf und wird von oben auf den äußeren Rand geschraubt. Unter dem Deckel des äußeren Kastens haben wir die 35 Watt starke **Kabelheizung** befestigt, die über einen Thermostat, der am Boden des Kastens die Temperatur mißt, gesteuert wird. Mit der Heizung wird auch gleichzeitig der **Lüfter** eingeschaltet. Dieser saugt die Luft aus dem inneren Kasten heraus, bläst sie auf das Heizkabel und drückt die Luft seitlich wieder nach unten. Hier wird die Temperatur gemessen und auf dem eingestellten Meßwert gehalten. Wenn man einen Thermostat benutzt, der durch ein Kabel mit dem Temperaturfühler verbunden ist, kann man die Temperatur direkt an den Eiern messen und auf ein zehntel Grad genau einhalten. Diese Genauigkeit kann für die temperaturabhängige Geschlechtsbestimmung sehr wichtig sein.

Die Vorderseite des Brutapparates ist durch eine passend geschnittene

Scheibe abgedeckt, die mit Klavierband befestigt wird. Die Scheibe schließt die Öffnung, durch die der innere Kasten wie eine Schublade herausgezogen werden kann. Das Klavierband wird an ihr mit Silikonkleber befestigt.

Die Eier selbst liegen in geschlossenen Plastikkästen, die mit feuchtem Vermiculite oder Perlite bis zur Hälfte gefüllt sind. In den Plastikkästen befinden sich im oberen Drittel mehrere 1 mm große Löcher für den Gasaustausch. Alle zwei bis drei Tage werden die Eier kontrolliert und das Substrat auf den Feuchtigkeitsgehalt überprüft.

Einen wesentlich einfacheren Brutbehälter baut man sich aus einem Plastikaquarium. Das Becken wird bis zur Hälfte mit Wasser gefüllt; über einen Aquarienheizer wird die Temperatur eingestellt. In das Wasser legt man ein oder zwei Ziegelsteine, die bis kurz über die Wasseroberfläche reichen. Darauf wird ein passend geschnittenes Alu-Lochblech gelegt. Das Blech muß an allen Seiten des Aquariums anliegen und dient der Sicherheit, damit kein Jungtier aus den Schlupfkästen entweichen und ins Wasser fallen kann. Auf dem Blech stehen die Plastikkästen mit den Eiern. Das Aquarium wird mit einer schräg liegenden Glasscheibe abgedeckt, so daß das Schwitzwasser nur an einer Seite heruntertropft. Damit ein geringer Luftaustausch im Behälter stattfindet, haben wir kurz über dem Alublech auf der einen Seite und kurz unter dem oberen Rand auf der anderen Seite je eine Reihe 1 mm große Löcher gebohrt. Alle zwei bis drei Tage werden auch hier die Eier kontrolliert.

Das Betreiben der Terrarienanlage

Vor der Anschaffung eines Terrariums muß man sich gut überlegen, wie aufwendig die Anlage sowohl in technischer als auch in finanzieller Hinsicht (diesen Aspekt sollte man in bezug auf die Energiekosten und die Anschaffungskosten der technischen Geräte nie vergessen), aber auch in Hinsicht auf die zur Pflege benötigte Zeit sein darf. Hier ist weniger oft mehr. Was hat man von der schönsten Schauanlage im Wohnzimmer, wenn die Zeit nicht mehr zum Scheibenputzen reicht, oder von der interessanten und umfangreichen „Raritätensammlung", wenn man nur die Grundversorgung der Pfleglinge leisten kann. Daher muß die Terrarienanlage so gewählt sein, daß die Arbeit niemals zur Belastung wird oder in Streß ausartet.

Fast alle Tiere benötigen einen gewissen täglichen Pflegeaufwand, und sei es nur das morgendliche Überbrausen des Terrariums. Was macht man aber während eines Urlaubes? Auch über die Versorgung der Tiere bei einer Krankheit muß man sich rechtzeitig Gedanken machen. Ist sie nicht sichergestellt, so muß man auf die Tiere verzichten.

Wichtig ist neben der täglichen Kontrolle und der laufenden Beobachtung der Tiere das Sammeln aller wichtigen Daten und Veränderungen. Diese Aufzeichnungen (Eiablage, Geburt, Schlupf, Paarung, Häutung) können nicht nur von wissenschaftlichem Interesse sein; oft lassen sich auch Rückschlüsse bei Erkrankungen ziehen. Am besten legt man sich für jede Tierart eine Art Tagebuch an, mit dessen Hilfe man später alle wichtigen Ereignisse nachvollziehen kann.

Es ist immer ein gewisser Aufwand nötig, um ein Terrarium oder gar eine Terrarienanlage zu betreiben. Die dafür benötigte Zeit ist durch die Größe der Anlage vorgegeben. Es ist daher immer zu empfehlen, seine Terrarien auf einen Raum zu konzentrieren und nicht einen Teil der Tiere im Keller, einen weiteren Teil im Wohnzimmer und den Rest auf dem Dachboden zu pflegen. Je weiter die Anlage verteilt ist, desto leichter vergißt oder vernachlässigt man bestimmte Bereiche.

Große Terrarienanlagen erfordern auch genügend Zeit zu ihrer Pflege.

Sollte sich wegen verschiedener klimatischer Ansprüche ein Zusammenlegen der Terrarien ausschließen, so muß man sich fragen, ob es nicht besser wäre, sich auf die Pflege von Tieren aus einem Klimabereich zu beschränken.

So sind für die Pflege im Keller oder in kühlen Räumen zahlreiche Chamäleonarten geeignet, insbesondere die madagassischen und ostafrikanischen Hochlandformen, aber auch die Zwergchamäleons aus Südafrika, da sie große Tag-Nacht-Temperaturschwankungen für ihr Wohlergehen benötigen. Will man nun auch noch Pfeilgiftfrösche pflegen, so sollten dies möglichst Arten aus dem Hochland von Peru sein, die keine hohen Temperaturen benötigen und gegen kühle Temperaturen relativ unempfindlich sind, wie zum Beispiel *Phobobates (Epipedobates) silverstonei* oder die im gleichen Verbreitungsgebiet vorkommende Variante von *Dendrobates ventrimaculatus*. Ferner kann man unter diesen klimatischen Gegebenheiten auch noch die als relativ unempfindlich geltenden Arten pflegen, wie zahlreiche argentinische und chilenische Leguane, da sie nur am Tage sehr hohe Temperaturen und auch eine enorme Tag-Nacht-Schwankung benötigen.

In manchen Fällen hängt der zeitliche Aufwand aber natürlich auch vom persönlichen Geschmack ab. So sind saubere Scheiben nicht unbedingt für das Wohlbefinden der Tiere nötig. Beschmutzte Scheiben wirken aber auf einen Betrachter immer störend; auch der Familienfriede kann gefährdet sein, wenn das Terrarium im Wohnzimmer ständig veralgte und verdreckte Frontscheiben aufweist. In einem separaten Terrarienzimmer, das nur von aktiven Terrarianern betreten wird, spielt das jedoch sicher nur eine untergeordnete Rolle.

Bei hoher Luftfeuchtigkeit oder häufigem Sprühen bilden sich sehr schnell **Kalkablagerungen** und nach einiger Zeit auch noch Algenrasen an den Scheiben. Hier hilft nur ständiges Säubern mit einem möglichst neutralen Reinigungsmittel. Als Putzlappen hat sich ein Faserprodukt namens Ha-Ra (ähnliche Produkte sind inzwischen auch unter anderem Namen erhältlich) als besonders geeignet herausgestellt. Will man **Reinigungsmittel** verwenden, muß man die Scheiben vorher vom Terrarium entfernen. Natürlich müssen sie nach dem Säubern kräftig gespült werden, um alle Reinigungsmittelrückstände zu entfernen. Anschließend werden sie sorgfältig trockengeputzt, damit sich keine Streifen und Wasserflecken bilden können. Kalkflecken lassen sich, wenn sie nicht zu hartnäckig sind, leicht mit Reinigungsmitteln für Zahnprothesen entfernen. Es dürfen niemals phenolhaltige Reinigungsmittel verwendet werden, da Amphibien und Reptilien darauf sehr empfindlich reagieren.

Scheiben im Wasserteil säubert man mit einem feinen Schwamm oder mit einem Scheibenreiniger aus der Aquaristik, aber niemals mit dem Sand des Bodens oder anderen reibenden Mit teln. Durch sie würden die Scheiben leicht zerkratzt werden.

Filter in Aquarien und größeren Wasserbecken müssen in regelmäßigen Abständen gesäubert werden. Die Abstände richten sich nach der Größe des Wasserteils, der gepflegten Tierart und der Anzahl der Tiere. Besonders häufig ist ein Wasserwechsel und eine umfangreiche Reinigung der Filteranlage bei Arten notwendig, die regelmäßig ihren Kot im Wasser absetzen. Dazu gehören vor allem Wasserschildkröten, aber auch Riesenschlangen. Hier wird ein wöchentlicher Wasserwechsel mit anschließender Filterreinigung erforderlich. Bei der Pflege von Arten, die eine häufige Reinigung erforderlich machen, sollte man nur Filtertypen und -materialien wählen, die leicht zu reinigen und zu handhaben sind.

Hilfreich ist das Säubern des Bodengrundes von grobem Schmutz, wie zum Beispiel Futterresten und Kot, bevor sie in den Filter gelangen. Hierzu eignen sich die sogenannten Mulmheber, die im Zoofachhandel erhältlich sind.

Beschlagene Leuchtstoffröhren müssen nach einer gewissen Zeit von Kalkresten gesäubert werden. Dafür muß man die Röhren auf jeden Fall herausnehmen und am einfachsten mit einem Ha-Ra Tuch abreiben. Jedoch darf man mangelnde Leistung nicht immer auf ein Verschmutzen der Röhren zurückführen. Alle Leuchtstoffröhren verlieren im Laufe eines langen „Betriebslebens" stark an Leistung. Bei der Beurteilung, ob die Leuchtkörper noch ausreichen, sollte man sich jedoch nicht auf sein menschliches Auge verlassen. Klarheit verschafft nur ein Lux-Meter. Als Faustregel galt früher, bei Betrieb der Leuchtstoffröhren mit den üblichen alten Vorschaltgeräten, daß die Leuchtkörper nach einem Jahr ausgetauscht werden müssen. Die Lebensdauer ist jedoch bei Verwendung von elektronischen Vorschaltgeräten deutlich höher. Natürlich dürfen elektrische Geräte aller Art nur im ausgeschalteten Zustand gesäubert werden.

Das Reinigen von Trinkwassergefäßen muß nicht unbedingt täglich, aber doch regelmäßig erfolgen. Bei Verschmutzungen, zum Beispiel durch Exkremente, ist ein sofortiges Säubern unbedingt erforderlich.

Wenn man eine **Sprühanlage** benutzt, müssen in regelmäßigen Abständen die Düsen kontrolliert werden. Je nach Härtegrad des Wassers können sie durch Kalkablagerungen verstopft werden. Bemerkt man das nicht rechtzeitig, können die Tiere verdursten. Daher sollten alle Düsen einmal im Monat während der Inbetriebnahme kontrolliert und kurz abgeschraubt werden, um eventuelle Ablagerungen sofort zu entfernen.

Aber auch Rohre und Schläuche der Filteranlagen und vor allem der Abflüsse der Terrarien veralgen mit der Zeit und müssen hin und wieder gereinigt werden. Hierfür benutzt man eine Flaschenbürste, wie sie in der Haushaltsabteilung der Warenhäuser zu bekommen ist. Längere Schläuche werden mit einem Stück zurechtgeschnittenem groben Schwamm durchgespült. Hierbei steckt man das Stück Schwamm in den Schlauch und drückt ihn mit dem Wasserdruck der Hauswasserleitung hindurch. Diesen Vorgang wiederholt man, bis die Leitung sauber ist. Im Zoofachhandel sind aber auch regelrechte **Schlauchreinigungssets** erhältlich, die aus einer Art Flaschenbürste bestehen, die sich an einem sehr langen flexiblen Draht befindet. Diese werden ebenfalls unter leichten Drehbewegungen durch den Schlauch geschoben. Wer sich die Arbeit sparen will, verwendet von Anfang an lichtundurchlässige Schläuche.

Es ist nicht von Vorteil, wenn die Tiere jede Woche eine neue Umgebung vorfinden. Das Besetzen und Leben in vertrauten Revieren ist ein fester Bestandteil des Wohlbefindens. Das Säubern von Einrichtungsgegenständen im Terrarium, wie Kletterästen, Bambusstangen, Steinplatten und Wandverkleidungen, sollte daher auf ein Minimum beschränkt sein. Auch ein Umdekorieren der Inneneinrichtung darf nur selten erfolgen. Lediglich größere Kothaufen oder Hautreste, zum Beispiel von Riesenschlangen, müssen sofort entfernt werden.

Das Wechseln des **Bodengrundes** ist abhängig von den gepflegten Tieren und von der Beschaffenheit des Bodens. In einigen Großterrarien mit einer üppigen Bepflanzung und einem minimalen Tierbestand wird sich im Laufe der Zeit ein biologisches Gleichgewicht einstellen. Hier ist ein Wechsel des Bodengrundes eher nachteilig. Bei der Haltung von größeren Tieren wird man lediglich den Kot aus den Terrarien entfernen. Um das zu vereinfachen, pflegen zahlreiche Schlangenliebhaber ihre Tiere auf einer Art Holzgranulat, das die überschüssige Feuchtigkeit hervorragend aufnimmt. Die Entnahme erfolgt mit einer großen Pinzette oder einer kleinen Schaufel.

Tiere einiger Arten, wie zum Beispiel Leopardgeckos, benutzen oft immer wieder den gleichen Platz für ihr Geschäft. Hier kann man nach einiger Zeit einfach den ganzen Bereich abtragen und durch neues Substrat ersetzen. Das Säubern der Einrichtung geschieht am besten mit einer Bürste unter fließendem Wasser. Ein Überbrühen mit heißem Wasser nach dem Reinigen tötet einen großen Teil der Keime ab.

Literatur

Abraham, G. (1983): Terrarienbau und Gestaltung – Deko-Felsen im Eigenbau. Sauria 5 (3): 29–32.

Adrian, C. (1980): Schildkröten. Franckh'sche Verlagshandlung. Stuttgart.

Aleven, I. M. (1970): Alles über das Terrarium. Kernen Verlag. Stuttgart.

Baur, B. (1973): Pflege und Zucht der Wüstenkrötenechse Phrynosoma platyrhinos. Salamandra 9 (3/4): 145–159.

Bech, R., & U. Kaden (1990): Echsen. Urania Verlag. Leipzig.

Bechtle, W. (1971): Bunte Welt im Terrarium. Kosmos Verlag. Stuttgart.

Beck, P. (1992): Aquarien-ABC. Kosmos Verlag. Stuttgart.

Bellairs, A. (1971): Die Reptilien. Editions Recontre. Lausanne.

Beutelschiess, J., & C. Beutelschiess (1983): Bemerkungen zur Aufzucht von Kaulquappen. Sauria 8 (2): 7–11.

Birkhahn, H. (1991): Neue Erkenntnisse über die Aminosäureversorgung bei Dendrobaten. Herpetofauna 13 (74): 23–28.

Blauscheck, R. (1988): Das Paludarium. Tropisches Leben im Wohnzimmer. Landbuch Verlag. Hannover.

Bosch, H., & W. Frank (1983): Häufige Erkrankungen bei im Terrarium gehaltenen Amphibien und Reptilien. Salamandra 19 (1/2): 29–54.

Broer, W., & H. G. Horn (1985): Erfahrungen bei Verwendung eines Motorbrüters zur Zeitigung von Reptilieneiern. Salamandra 21 (4): 304–310.

Brünner, G. (1981): Terrarienpflanzen, richtig gepflegt. Kosmos Verlag. Stuttgart.

Budde, H. (1980): Verbesserter Brutbehälter zur Zeitigung von Schildkrötengelegen. Salamandra 16 (3): 177–180.

Cogger, H. G., & R. G. Zweifel (1992): Reptilien und Amphibien. Jahr Verlag. Hamburg.

Cooper, J. E., & O. F. Jackson (1981): Diseases of the Reptilia, Band 1 und 2. Academic Press. London.

Duellmann, W. E. (1992): Fortpflanzungsstrategien von Fröschen. Spektrum der Wissenschaft 9: 64–74.

– & L. Trueb (1986): Biology of amphibians. McGraw-Hill. New York.

Fläschendräger, A. (1992): Zur Kenntnis des mittelamerikanischen Wasseranolis Anolis oxylophus Cope, 1975. Herpetofauna 14 (77): 27–32.

Foyden, P. (1982): Bruttechnik: Frösche, die aufs Wasser pfeifen. Geo 7: 66–69.

Friederich, U., & W. Volland (1992): Futtertierzucht. Ulmer Verlag. Stuttgart.

Gabrisch, K., & P. Zwart (1986): Krankheiten der Heimtiere. Schlütersche Verlagsanstalt. Hannover.

Griebel, M. (1984 a): Das Paludarium. 1. Grundgedanken. Sauria 6 (2): 23–24.

– (1984 b): Das Paludarium. 2. Gesamtkonzeption und Ufer. Sauria 6 (3): 17–21.

– (1984 c): Das Paludarium. 3. Kombinationsmöglichkeiten, Bodengrund und Wasser. Sauria 6 (4): 25–27.

– (1984 d): Das Paludarium. 4. Terrarienklima. Sauria 7 (1): 17–19.

Grunwald, N., & P. Kemp (1984): Das Paludarium. I: Am Anfang steht der Plan, denn gut durchdacht ist halb gewonnen. Das Aquarium 175: 6–10.

– & – (1984): Das Paludarium. II: Vom Plan zur Tat – der Aufbau des Paludariums. Das Aquarium 176: 67–71.

– & – (1984): Das Paludarium. III: Die Inneneinrichtung. Das Aquarium 177: 124–125.

– & – (1984): Das Paludarium. IV: Fische für den Wasserteil. Das Aquarium 178: 174–180.

– & – (1984): Das Paludarium. V: Die Pflege von Amphibien und Reptilien. Das Aquarium 179: 257–262.

– & – (1984): Das Paludarium. VI: Pflanzen für das Wasser und den Übergang zum Land. Das Aquarium 180: 294–298.

– & – (1984): Das Paludarium. VII: Die Pflanzen des Landteils. Das Aquarium 181: 347–351.

– & – (1984): Das Paludarium. VIII: Der Aufbau eines Epiphytenstammes. Das Aquarium 182: 407–409.

– & – (1984): Das Paludarium. IX: Und zum Schluß die Technik als Mittel zum Zweck (1). Das Aquarium 183: 462–465.

– & – (1984): Das Paludarium. X: Und zum Schluß die Technik als Mittel zum Zweck (2). Das Aquarium 184: 511–513.

Grzimek, B. (Hg.) (1973): Grzimeks Tierleben, Band V: Fische 2 und Lurche. Kindler Verlag. Zürich.

– (1973): Grzimeks Tierleben, Band VI: Kriechtiere. Kindler Verlag. Zürich.

Henkel, F. W., & S. Heinecke (1993): Chamäleons im Terrarium. Landbuch Verlag. Hannover.

– & W. Schmidt (1991): Geckos. Ulmer Verlag. Stuttgart.

– & – (1995): Farbatlas der Amphibien und Reptilien Madagaskars, der Komoren, der Seychellen und der Maskarenen. Ulmer Verlag. Stuttgart.

Heselhaus, R. (1983): Pfeilgiftfrösche. Ulmer Verlag. Stuttgart.

Ippen, R., H. D. Schröder & K. Elze (1985): Handbuch der Zootierkrankheiten, Band I Reptilien. Akademie Verlag. Berlin.

Isenbügel, E., & W. Frank (1985): Heimtierkrankheiten. Ulmer Verlag. Stuttgart.

Jahn, J. (1968): Das Freilandterrarium. Philler Verlag. Minden.

– (1970): Lebendfutter für Aquarien- und Terrarientiere. Philler Verlag. Minden.

– (1972): Schildkröten. Philler Verlag. Minden.

– (1976): Der kleine Gartenteich und das Freilandterrarium. Philler Verlag. Minden.

– (1978): Kleine Terrarienkunde. Philler Verlag. Minden.

Jarofke, D., & J. Lange (1993): Reptilien. Krankheiten und Haltung. Parey Verlag. Hamburg.

Jes, H. (1987): Echsen als Terrarientiere. Graefe & Unzer. München.

Jocher, W. (1965): Futter für Vivarientiere. Franckh'sche Verlagshandlung. Stuttgart.

– (1974): Schildkröten. Franckh'sche Verlagshandlung. Stuttgart.

Kästle, W. (1972): Echsen im Terrarium. Franckh'sche Verlagshandlung. Stuttgart.

– (1980): Die Leguane, in Grzimeks Tierleben, Kriechtiere. dtv. München.

Kahl, B., P. Gaupp & G. Schmidt (1980): Das Terrarium. Falken Verlag. Niederhausen.

Klingelhöffer, W. (1957 a): Terrarienkunde I, Allgemeines und Technik. Alfred Kernen Verlag. Stuttgart.

– (1957 b): Terrarienkunde II, Lurche. Alfred Kernen Verlag. Stuttgart.

– (1957 c): Terrarienkunde III, Echsen. Alfred Kernen Verlag. Stuttgart.

– (1957 d): Terrarienkunde IV, Schlangen, Schildkröten, Panzerechsen und Reptilienzucht. Alfred Kernen Verlag. Stuttgart.

Köhler, G. (1988): Der kleine Tip: Frischfutter aus dem „Bio-Snacky". Sauria 10 (1): 24.

– (1992): Artgerechte Ernährung und ernährungsbedingte Erkrankungen des Grünen Leguans, Iguana iguana. Sauria 13 (1): 3–8.

– (1992): Der Grüne Leguan. Eigenverlag. Hanau.

– (1993): Schwarze Leguane. Eigenverlag. Hanau.

– (1993): Basilisken. Eigenverlag. Hanau.

– (1996): Haltungsfehler bei Grünen Leguanen. D. Aqu. u. Terr. Z. (DATZ) 49 (2): 99–102.

Krause, H. J. (1979): Quecksilber-Dampflampen – Hoch- oder Niederdruck? Aquarien Magazin: 254–257.

– (1979): UV-Strahler – Halten sie alle, was sie versprechen? Aquarien Magazin: 406–408.

– (1981): Wir kleben ein rahmenloses Aquarium. Aquarien Magazin: 508–511.

– (1985): Hält die Truelite, was sich der Aquarianer von ihr verspricht? Das Aquarium: 190.

– (1991): Wasser für unser Aquarium. Franckh'sche Verlagshandlung. Stuttgart.

Kübler, R. (1971): Aquariengeräte – selbst gebaut. Franckh'sche Verlagshandlung. Stuttgart.

Lengsfeld, E. (1995): Beleuchtung im Terrarium. Elaphe 3 (2): 61–67.

Lilge, D., & H. v. Meeuwen (1979): Grundlagen der Terrarienhaltung. Landbuch Verlag. Hannover.

Lucke, E. (1982): Orchideenkultur für alle. Philler Verlag. Minden.

Mayland, H. J. (1985): Einmaleins der Aquaristik. Landbuch Verlag. Hannover.

Manthey, U. (1979): Terrarienbau und -gestaltung – Planung. Sauria 2 (1): 26–30.

– (1980): Terrarienbau und -gestaltung – Be- und Entlüftung. Sauria 2 (2): 23–27.

– (1980): Terrarienbau und -gestaltung – Sonnenstrahlung und künstliche Beleuchtung. Sauria 2 (3): 25–32.

– (1980): Terrarienbau und -gestaltung – Künstliche Beleuchtung der Terrarien. Sauria 2 (4): 7–10.

– (1981): Terrarienbau und -gestaltung – Speziallampen. Sauria 3 (1): 27–34.

– (1981): Terrarienbau und -gestaltung – Terrarienheizung. Sauria 3 (2): 12–14.

– (1981): Terrarienbau und -gestaltung – Stromkosten und -stärke. Sauria 3 (3): 33–34.

– (1981): Terrarienbau und -gestaltung – Energiesparmaßnahmen. Sauria 3 (4): 29–34.

– (1982): Terrarienbau und -gestaltung – Heizen mit der vorhandenen Beleuchtungseinrichtung. Sauria 4 (1): 31–33.

– (1983): Terrarienbau und -gestaltung – Bau verschiedener Terrarientypen. Sauria 5 (3): 21–28.

– & N. Schuster (1992): Agamen. Terrarien Bibliothek. Münster.

Masurat, G., & W. R. Große (1991): Lurche. Urania Verlag. Leipzig.

Matt, F. (1884): Zimmergewächshaus- und Pflanzenvitrinenbau. Deutsche Bromeliengesellschaft e.V. Frankfurt.

Matz, G., & M. Vanderhaege (1980): BLV Terrarienführer. BLV-Verlaggesellschaft. München.

Miller, K. (1974): So bauen wir ein Paludarium. Aquarien Magazin 8 (7): 296–298.

Müller, G. (1993): Schildkröten. Ulmer Verlag. Stuttgart.

Müller, M. J. (1983): Klima-Handbuch ausgewählter Klimastationen der Erde. Universitat Trier.

Müller, V., & W. Schmidt (1995): Landschildkröten. Natur und Tier Verlag. Münster.

– & – (1995): Schildkröten im Gartenteich. Natur und Tier Verlag. Münster.

Necas, P. (1995): Chamäleons – Bunte Juwelen der Natur. Edition Chimaira bei Bücher Kreth. Frankfurt.

Nietzke, G. (1980): Die Terrarientiere. Band II. Ulmer Verlag. Stuttgart.

– (1984): Fortpflanzung und Zucht der Terrarientiere. Landbuch Verlag. Hannover.

– (1992): Die Terrarientiere. Band I. Ulmer Verlag. Stuttgart.

Nöllert, A. (1987): Schildkröten. Landbuch Verlag. Hannover.

Obst, F. J. (1980): Schildkröten. Urania Verlag. Leipzig.

– K. Richter & U. Jacob (1984): Lexikon der Terraristik und Herpetologie. Landbuch Verlag. Hannover.

Parker, H. W., & A. Bellairs (1972): Die Amphibien und die Reptilien. Editions Rencontre. Lausanne.

Patterson, R. (1988): Reptilien Südafrikas. Landbuch Verlag. Hannover.

Petzold, H. G. (1982): Aufgaben und Probleme bei der Erforschung der Lebensäußerungen der Niederen Amnioten (Reptilien). Berliner Tierpark Buch Nr. 38.

Polder, W. N. (1993): Ein feuchtwarmes Terrarium. D. Aqu. u. Terr. Z. (DATZ) 45 (12): 792–796.

Rau, W. (1981): Bromelien. Ulmer Verlag. Stuttgart.

Rimpp, K. (1990): Das Terrarium. Ulmer Verlag. Stuttgart.

Rogner, M. (1992): Unser erstes Terrarium. Franckh-Kosmos. Stuttgart.

– (1992): Echsen I. Ulmer Verlag. Stuttgart.

– (1994): Echsen II. Ulmer Verlag. Stuttgart.

Rudloff, H. W. (1990): Vermehrung von Terrarientieren – Schildkröten. Urania Verlag. Leipzig.

Sachs, W. B., & R. Oeser (1953): Terrarienpflege, leicht gemacht. Franckh'sche Verlagshandlung. Stuttgart.

Schmidt, G. (1994): Haltung und Zucht von Pfeilgiftfröschen. Terrarien Bibliothek. Münster.

Schmidt, W. (1990): Anmerkungen zur Pflege von Chamäleons. D. Aqu. u. Terr. Z. (DATZ) 43: 268–272.

– (1993): Fünfstreifen-Baumsteigerfrosch. D. Aqu. u. Terr. Z. (DATZ) 46: 164–167.

– (1995): Kornnattern. Natur und Tier Verlag. Münster.

– & F. W. Henkel (1995): Leguane. Ulmer Verlag. Stuttgart.

– , K. Tamm & E. Wallikewitz (1996): Chamäleons. Natur und Tier Verlag. Münster.

Schneider, F. (1956): Die Pflanzen des Terrariums. Philler Verlag. Minden.
Schöpfel, H. (1977): Bau eines Froschterrarium. Aquarien-Terrarien 24 (6): 188–189.
Schulte, R. (1980): Frösche und Kröten. Ulmer Verlag. Stuttgart.
Stein, K. H. (1975): Basteln für Aquarienfreunde. Kosmos Verlag. Stuttgart.
Stettler, P. H. (1978): Handbuch der Terrarienkunde. Franckh'sche Verlagsbuchhandlung. Stuttgart.
Stockey, R., & W. Schmidt (1990): Pfeilgift- und Färberfrösche. D. Aqu. u. Terr. Z. (DATZ) 43: 608–611.
Thorn, R. (1964): Pflanzensoziologie und Bodenkunde in Terrarien. D. Aqu. u. Terr. Z. (DATZ) 17 (5): 153–154.
Trutnau, L. (1988): Schlangen im Terrarium. Band 1. Ungiftige Schlangen. Ulmer Verlag. Stuttgart.
– (1990): Schlangen im Terrarium. Band 2. Giftschlangen. Ulmer Verlag. Stuttgart.
– (1994): Terraristik. Ulmer Verlag. Stuttgart.
Vogt, D., & H. Wermuth (1961): Knaurs Aquarien- und Terrarienbuch. München, Zürich.
Wilke, H. (1982): Schildkröten. Gräfe & Unzer. München.
Zimmermann, E. (1983): Das Züchten von Terrarientieren. Franckh'sche Verlagsbuchhandlung. Stuttgart.
Zimmermann, H. (1978): Tropische Frösche. Kosmos Verlag. Stuttgart.

Bildnachweis

Zeichnungen

Hoffmann, M., Unna: Seite 36, 86–88, 93, 95, 96, 109, 111, 112, 127

Knöthig, M., Borken (überarbeitet von H. Flubacher, Fellbach): Seite 28, 30, 33, 34, 40, 41, 49, 52–55, 58, 59, 61, 65, 74–76, 82, 99, 138, 146

Fotos:

Baumeister, W., Stuttgart: Titelbild (Hintergrund)

Hallmann, G., Dortmund: Seite 114

Henkel, B., Bergkamen: Seite 78, 90, 94 oben, 94 unten, 106, 107, 110, 119, 124, 128, 132, 147, 148

Henkel, F.-W., Bergkamen: Titelbilder; Seite 14, 37, 50, 63, 64, 69 oben, 69 unten, 70, 97, 152

Liebel, K., Herne: Seite 98, 156

Sameit, A., Bergkamen: Seite 72, 73

Steffen, K.-F., Kamen: Seite 44 oben, 44 unten

Schmidt, W., Soest: Umschlagrückseite; Seite 2, 6, 16, 17, 20, 21, 23, 24, 30, 32, 45, 46, 47, 85, 109, 118, 121, 129, 136, 140, 144

Register